Gold
in Österreich

Georg Lux
Helmuth Weichselbraun

Gold
in Österreich

styria premium

INHALT

*Linke Seite:
Blick in den
verbrochenen
Grasleitenstollen im
Zirknitztal (Mölltal).*

VORWORT

Zwischen Faszination und Vergessen

Ein kurzer Test genügt: Stellen Sie sich einen Goldgräber vor! Wetten, dass Ihnen Ihr Kopf jetzt einen bärtigen Mann mit Cowboyhut zeigt? Er steht – ausgerüstet mit Schaufel, Spitzhacke oder Schüssel zum Goldwaschen – in einer Umgebung, die an den Wilden Westen erinnert, möglicherweise sogar vor einem Saloon, aus dem das Geklimper eines verstimmten Klaviers klingt.

Es ist kein falscher Film, der da in Ihrem Kopfkino läuft. Er hat nur nichts mit Österreich zu tun. In unseren Breiten wurde nämlich, schon lange bevor Glücksritter halb Nordamerika auf der Suche nach dem Edelmetall umgegraben haben, nach Gold geschürft. Der heimische Alpenraum galt im Spätmittelalter als bedeutendstes Bergbaugebiet der damals bekannten Welt.

In den Minen, Waschwerken und Verarbeitungsbetrieben zwischen Tirol und Niederösterreich waren Tausende Menschen beschäftigt. Ihre längst vergessenen Schicksale sind ebenso Teil unserer Recherchen für dieses Buch gewesen wie die unglaubliche Faszination, die das Edelmetall seit jeher auf Menschen ausübt. Außerdem haben wir – aus dem Blickwinkel „ganz normaler" Bürger und Bankomatkartenbesitzer – die Rolle ausgeleuchtet, die Gold bei der Entwicklung unseres Geldwesens gespielt hat und in der Finanzwelt bis heute spielt. Was ist dran an den Verschwörungstheorien, die im Internet kursieren, seit wieder Banken krachen und Währungen wackeln? Die Ergebnisse werden Sie überraschen.

Gold ist ein komplexes Thema, über das nicht jeder Involvierte gerne Auskunft gibt. Das betrifft vergangene und aktuelle Investments ebenso wie die stummen Zeugen in der Landschaft, die der Bergbau hinterlassen hat. Nur wenige Ruinen werden – entsprechend ausgeschildert – touristisch genutzt, die anderen „gehören" modernen Schatzsuchern. Für diese abseits jeder öffentlichen Wahrnehmung hochaktive Szene gilt vor allem: Schweigen ist Gold.

Umso dankbarer sind wir, dass einige Eingeweihte ihr Wissen mit uns geteilt haben und dieses Buch so auch zu einem Reiseführer gemacht haben. Wenn sich unsere Touren – manchmal sogar als spannender Ausflug für die ganze Familie – zum Nachahmen eignen, ist dies im Anschluss an die jeweiligen Kapitel explizit mit den entsprechenden Informationen angegeben. Ansonsten gilt, was das Gesetz in solchen Fällen nicht aus

Jux und Tollerei, sondern aus ernsthaften Gründen der Sicherheit vorschreibt: Das Betreten alter Bergwerksanlagen ist lebensgefährlich und deshalb streng verboten. Unseren Hut beziehungsweise Helm ziehen wir vor den Menschen, die sich unermüdlich darum bemühen, dass dieser Teil der österreichischen Wirtschafts- und Sozialgeschichte nicht endgültig in Vergessenheit gerät. Einige Einzelkämpfer und Vereine betreiben an den Hotspots

Gold fasziniert die Menschen seit Jahrtausenden.

des einstigen Goldbergbaues kleine Museen oder Schaustollen. In den allermeisten Fällen werden diese Privatinitiativen von der öffentlichen Hand nicht oder nur kaum unterstützt. Es ist leider davon auszugehen, dass die Politiker um die Bedeutung für Geschichte und Gegenwart nicht Bescheid wissen.

Wir laden Sie ein, Österreich auf unseren Spuren neu zu entdecken und im Alltag bei Meldungen rund um Geld und Gold ein wenig genauer hinzuschauen und hinzuhören. Vielleicht geht es Ihnen dann wie uns und der Blick hinter die Kulissen lässt die Faszination noch weiter steigen. Unser letzter Satz in diesem Vorwort gilt Ihnen als Leserin und Leser ebenso wie den Hütern der heimischen Gold-Geschichte und den kritischen Geistern der Gegenwart. Es ist der uralte Bergmannsgruß, in dem ebenso viel Hoffnung wie Tatendrang mitschwingt: Glück auf!

Georg Lux · Helmuth Weichselbraun

PS: Mehr über das „Making of" dieses Buches und über zukünftige Projekte erfahren Sie im Internet. Unter *www.facebook.com/geheimnisvolle. unterwelt* veröffentlichen wir regelmäßig spannende Neuigkeiten rund um Stollen, Höhlen, verborgene Gänge und Geheimprojekte. Dort lässt sich auch beinahe live verfolgen, wo wir gerade unterwegs sind. Zusätzliche Hintergrundinformationen und Tipps finden Sie in unserem Blog unter *www.erlebnis.net/unterirdisch.*

Ewiger Mythos

VON EINEM ANDEREN STERN?

Wo unser Gold herkommt

Wann Eisblumen entstehen, woraus Luftballons hergestellt werden und wie Löcher in den Käse kommen: das wissen wir von Kindesbeinen an. „Die Sendung mit der Maus" hat's uns verraten. Ihr Erfolgsgeheimnis war und ist die einfache Schilderung mehr oder weniger komplexer Sachverhalte. Umstände, die sich schwer erklären lassen, werden tunlichst vermieden. Das ist vermutlich der Grund, warum uns die Maus und ihre Beiwagerln, der Elefant und die Ente, nie etwas über Geologie erzählt haben.

Wer die Geschichte der Erde halbwegs verstehen will, muss gedanklich in eine vollkommen andere Welt eintauchen, die – oberflächlich betrachtet – nichts mit dem Planeten zu tun hat, auf dem wir im Moment leben. Wo heute Berge in den Himmel ragen, wogten Ozeane. Ganze Kontinente wanderten wild durch die Gegend. Und natürlich brachen laufend irgendwelche Vulkane aus. Zeitgemäß formuliert: Äußerst schlechte Voraussetzungen für alternde „Die Sendung mit der Maus"-Zuseher, die, wie der Fotograf und ich, nur mithilfe von Navigationsgeräten halbwegs problemlos von A nach B kommen.

25 MILLIONEN JAHRE „JUNG"

Dem pädagogischen Feingefühl und der nie erlahmenden Neugierde von ganzen Geologen-Generationen ist es zu verdanken, dass wir mittlerweile trotzdem erklären können, wie die Hohen Tauern Österreichs Goldgrube geworden sind. Die zwischen Tirol, Salzburg und Kärnten zutage tretende Gebirgskuppel, die man in der Fachsprache „Tauernfenster" nennt, zählte im Mittelalter und der beginnenden Neuzeit (also vor den diversen großen Goldräuschen in Nordamerika) zu den reichsten und deshalb wichtigsten Lagerstätten der Welt. Entstanden sind die teilweise bis ins 20. Jahrhundert abgebauten und heute tief im Berginneren noch zur Genüge vorhandenen Edelmetallvorkommen vor rund 25 Millionen Jahren.

Die Hohen Tauern hatten sich damals längst aufgetürmt, unterlagen aber noch geologischen Metamorphosen. So nennt man den Wandel der mineralogischen Zusammensetzung von Gestein durch geänderte Druck- und/oder Temperaturbedingungen. Als diese nachließen, bildeten sich bis zu 1000 Meter tiefe Klüfte, die teilweise bis an die Oberfläche reichten. Entlang dieser Strukturen stiegen aus dem Granitgneis, einem darunterliegenden erstarrten Magmakörper, 200 bis 400 Grad heiße metall- und schwefelhaltige Lösungen auf. Sie enthielten Silber und Gold. In den Hohlräumen kühlte diese Brühe (das ist kein geologischer Fachbegriff, erleichtert aber das Verständnis) wieder ab und bildete eine neue Gesteinsgeneration: die legendären Tauerngoldgänge.

Der Name verspricht, dass es im Berg nur so funkelt, was leider nicht der Fall ist. Die edelmetallführenden Gesteinsschichten sind unterschiedlich dick. Ihr Durchmesser beträgt allerhöchstens 3 Meter, meist aber nur ein paar Zentimeter. Ebenso extrem schwankt der mit freiem Auge meist nicht erkennbare Goldanteil, den man in Gramm (Gold) pro Tonne (Gestein) misst: von 2 Gramm bis hin zu Rekordfunden mit mehr als 600 Gramm. Der wegen der großen Unterschiede vor Ort nur rein rechnerisch interessante Durchschnittswert in den Goldgängen des Gebirgszuges soll Schätzungen zufolge bis zu 25 Gramm pro Tonne betragen.

Auf der Suche nach den Golderzgängen Stollen in den Berg zu schlagen und später zu sprengen, ist eine Variante, um an das Edelmetall aus den Hohen Tauern zu kommen. Man spricht dabei vom Ausbeuten primärer Lagerstätten und dem sogenannten Berggold. Es gibt in Österreich aber auch sekundäre Lagerstätten. Sie sind durch die Verwitterung und Erosion von Golderzgängen entstanden. Wind, Wetter, Wasser und andere Einflüsse haben im Lauf vieler Millionen Jahre fleißig Teile der zuvor

Auf der Suche nach Berggold wurden in den Hohen Tauern Hunderte Kilometer Stollen in den Berg geschlagen.

Heute steht der Goldbergbau in Österreich still.

aufgetürmten Gebirge wieder abgetragen. Das Gestein landete als Schotter und Sand in den Tälern.

Mit von der Partie auf diesen Reisen über Hunderte oder gar Tausende Kilometer waren die Edelmetallpartikel aus den Golderzgängen. Ihre dadurch entstandenen Ablagerungen entlang von Flüssen und Bächen sowie in mittlerweile längst trockenen Geröllbänken werden Seifengold beziehungsweise Waschgold genannt. Wer hier die winzigen, aber wertvollen Teilchen gewinnen will, muss sie „herauswaschen", was den in einem eigenen Kapitel dieses Buches geschilderten Vorgang eigentlich recht gut beschreibt. Seifengold ist übrigens in fast allen europäischen Flüssen zu finden. Schon die Römer suchten danach und später natürlich viele andere, an der Donau in Nieder- und Oberösterreich zum Teil sogar bis ins 19. Jahrhundert.

ERGEBNIS EINER KOSMISCHEN KOLLISION?

Der Weg des Goldes vom Magma im Erdinneren in Berge, Flüsse, Bäche und Schotterbänke gilt als gesicherte wissenschaftliche Erkenntnis. Umstrittener, aber spektakulärer wird es, wenn man der Frage nachgeht, wie das Edelmetall überhaupt entstanden ist. Dieser Vorgang hat nicht auf der Erde stattgefunden, sondern lange vor deren Entstehung. In diesem Punkt sind sich die Forscher einig. Wer ihnen zumindest ansatzweise folgen will, muss ungefähr 14 Milliarden Jahre zurückspulen: Kurz nach dem Urknall geisterten im Universum nur leichte Elemente wie Wasserstoff und Helium herum. Schwerere Atome entstanden erst später durch Kernfusionsprozesse im Inneren von Sternen und durch gewaltige Explosionen im Weltall.

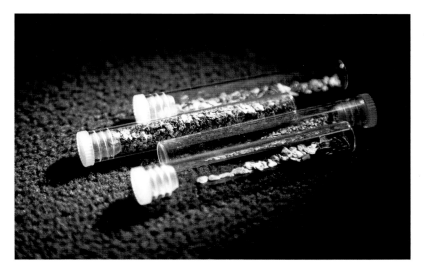

Schönes Hobby:
Ausbeute der
Goldwäscher von
Tragin in Kärnten.

Um das besonders schwere Gold oder zum Beispiel Platin entstehen zu lassen, war eine enorme Energie notwendig. Astrophysiker tippten in diesem Zusammenhang lang auf eine Supernova, also auf die Explosion eines Sterns. Modellrechnungen stellen diese Theorie mittlerweile allerdings in Frage. Die durch eine Supernova produzierte Goldmenge würde nicht ausreichen, um die Vorkommen auf der Erde zu erklären. Deshalb glauben einige Forscher, dass das Edelmetall nur das Ergebnis einer Kollision von zwei Neutronensternen sein kann.

Neutronensterne verfügen über eine extrem hohe Dichte – ein Kubikzentimeter dieser Art von Materie hat etwa die Masse eines Eiswürfels mit 700 Metern Kantenlänge. Dementsprechend groß, nämlich um ein Vielfaches größer als bei einer Supernova, ist die Energie, die freigesetzt wird, wenn zwei Himmelskörper dieser Bauart zusammenkrachen. Das dabei produzierte Gold schwirrte danach in der Staubwolke herum, die sich – inklusive Edelmetall – vor rund 4,5 Milliarden Jahren zu den Planeten unseres Sonnensystems verdichtete.

Eine andere Theorie geht davon aus, dass die meisten Edelmetalle nur durch Glück im Unglück auf die Erde gekommen sind. Das Gold soll sich demnach „an Bord" von Meteoriten befunden haben. Auch dieser Erklärungsversuch lässt es ordentlich krachen: Insgesamt seien 20 Trillionen Tonnen Material aus dem All vor 3,8 bis 3,5 Milliarden Jahren auf unseren Planeten gestürzt, heißt es. Möglicherweise, aber das ist nur ein völlig banaler Ansatz von blutigen Laien, sind beide Versionen nicht ganz falsch. In dieser Tiefe der All- und Erdgeschichte herumzustochern ist und bleibt Kaffeesudlesen auf hohem Niveau. Die Maus hat schon gewusst, warum sie sich da nicht drübertraut.

WILL HABEN

Warum Gold so wertvoll war und ist

Au. Das klingt nicht sexy – außer für Menschen, die auf Schmerzen stehen. Unser Thema ist aber das andere Au: das Au, das alle haben wollen. Au steht im Periodensystem der Elemente, dieser seltsamen Ansammlung bunter Kästchen im Chemieunterricht, für Gold. Es ist die Abkürzung des lateinisches Wortes für das Edelmetall: Aurum.

Wer sich mit der Beschaffenheit von Gold beschäftigt, wird auf eine Bezeichnung stoßen, die auch das Verhalten bequemer Kollegen im Büro schön beschreibt: reaktionsträge. So charakterisiert man das Element in der Fachsprache, weil es – unabhängig von äußeren Einflüssen – gewöhnlich seinen außergewöhnlichen Glanz, seine Farbe und seine chemischen Eigenschaften behält. In der Natur ist Gold unzerstörbar. Es korrodiert nicht, weder Luft, Wasser noch Säuren greifen das Edelmetall an. Um ihm den Garaus zu machen, ist Königwasser notwendig. Nur diese im 15. Jahrhundert erstmals verwendete Mischung aus konzentrierter Salz- und Salpetersäure im Verhältnis 3:1 löst Gold, den „König der Metalle", auf.

Zur optischen Auffälligkeit und der hohen Widerstandskraft kommt eine besondere Duktilität. Damit ist die Eigenschaft eines Werkstoffes gemeint, sich unter Belastung plastisch zu verformen, bevor er k. o. geht. Gold hat eine sehr hohe Duktilität. Es kann zu Blattgold geschlagen werden, das nur mehr 0,000125 Millimeter „stark" und teilweise sogar noch dünner ist. Es ist möglich, aus einem Gramm Gold einen kaum noch sichtbaren Faden zu ziehen, der eine Länge von 2,5 Kilometern erreicht, ohne zu reißen. Kein Metall lässt sich leichter formen und biegen.

In reiner Form ist Gold extrem weich. Daraus leitet sich die Legende ab, dass sich die Echtheit von Goldmünzen durch einen Biss-Test feststellen lässt. Nur in echtem Gold könne man einen Abdruck mit den Zähnen hinterlassen, heißt es. Das ist theoretisch möglich, in der Praxis aber natürlich Quatsch. Damit sie überhaupt in Form bleiben, bestehen Goldmünzen seit jeher aus Legierungen, also aus der Verbindung anderer Metalle mit Gold. Auf ihnen herumzunagen, ist wertlos – außer für frischgebackene Olympiasieger oder Weltmeister. Sie sollten immer kräftig in ihre Goldmedaille beißen, Fotografen lieben diese Pose.

Sinnvoll hingegen ist ein Schnelltest mit dem Fingernagel beim Goldwaschen. Lässt sich ein glänzendes Blättchen leicht zerbrechen, handelt es sich nicht um Gold. Gibt es hingegen nach und bleibt ganz, stehen die Chancen gut, tatsächlich eine kleine Menge des biegsamen Edelmetalls aus dem Fluss oder Bach gefischt zu haben. Überhaupt erst ermöglicht wird das Goldwaschen – das Trennen der wertvollen Blättchen vom restlichen Sand – durch eine weitere besondere Eigenschaft des Edelmetalls. Es verfügt über eine sehr hohe spezifische Dichte, womit in der Physik das Verhältnis von Masse zu Volumen gemeint ist. Etwas anschaulicher für alle, die damals im Unterricht nicht so gut aufgepasst haben: Die Dichte besagt, ob ein Körper für seine Größe leicht wie eine Feder oder schwer wie ein Stück Eisen ist. Gold ist noch schwerer. Es übertrifft mit einer Dichte von 19,3 Gramm pro Kubikzentimeter sogar Stahl um mehr als das Doppelte und lässt sich deshalb beim Goldwaschen mit der richtigen Technik relativ problemlos von leichteren wertloseren Metallen trennen.

Gold ist ungiftig, weshalb man es gefahrlos essen und trinken kann. Es wird vom Körper nicht aufgenommen, sondern wieder ausgeschieden. Zu den weltweit gefragtesten Produkten in diesem Bereich zählt seit Ende

Der Gold-Sekt der Kellerei Inführ hat 23-karätiges Blattgold „intus".

der 1990er-Jahre der Sekt „Österreich Gold trocken" der Sektkellerei Inführ aus Klosterneuburg in Niederösterreich. Er enthält 23-karätiges Blattgold und sorgt für besonders lautes Ah und Oh, wenn man eine Flasche auf den Kopf stellt und so – vergleichbar mit dem Effekt einer Schneekugel – einen funkelnden Regen auslöst. In der Homöopathie wird Gold bei der Behandlung von Depressionen eingesetzt, in der Schulmedizin als winziger Teil von Injektionen, die seltene rheumatische Beschwerden lindern.

Nicht ein Highlight allein macht Gold so wertvoll, sondern die Kombination aller Eigenschaften. Mit seiner namensgebenden Farbe (Gold kommt *ghel*, dem indogermanischen Begriff für glänzend) sticht es unter den Elementen im wahrsten Sinn des Wortes hervor. Seine besondere Beschaffenheit soll sogar hörbar sein. Fällt Gold zu Boden, hat es einen helleren Klang als andere Metalle. Die Unzerstörbar-

Steak mit Blattgold wird im Restaurant „Moser Verdino" in Klagenfurt serviert.

keit und das Gewicht des Elements lassen es „übernatürlich" erscheinen. Dennoch kann man Gold mit einfachsten Mitteln bearbeiten, sein Schmelzpunkt liegt bei – im Vergleich zu anderen Metallen – moderaten 1064 Grad.

Wertsteigernd war und ist die eingeschränkte Verfügbarkeit. Seit die Menschen nach Gold suchen, wurden weltweit etwa 177 000 Tonnen gefördert. Dass es sich dabei um keine Unmengen handelt, zeigt ein anschaulicher Vergleich: Schlichtet man das gesamte Edelmetall an einem

Ort zusammen, steht am Ende ein Quader mit nur knapp 21 Metern Kantenlänge da. Es gibt zwar weltweit Goldvorkommen, doch sind diese schwer aufzuspüren und auszubeuten. Der Abbau erfolgt mittlerweile zum Teil unter extremen Bedingungen, in Südafrika zum Beispiel 4000 Meter unter der Erdoberfläche. Die Gesteinstemperatur beträgt in dieser Tiefe 60 Grad, die Luft hat 55 Grad. Sie muss aufwendig gekühlt werden, damit die Bergleute überhaupt arbeiten können.

ZEICHEN DER MACHT

Als vor Jahrtausenden der Run aufs Gold begann, war immerhin der Abbau noch einfacher. Es ist davon auszugehen, dass zunächst nur Nuggets aus Flüssen und Bächen gesammelt und Freigold-Vorkommen (also mit dem freien Auge sichtbare Goldadern im Gestein) an der Oberfläche ausgebeutet wurden. Ab 4500 v. Chr. ist die Verarbeitung des Edelmetalls nicht nur in Mesopotamien nachweisbar, auch in Europa war man bereits fleißig. Das belegen Funde aus einem Gräberfeld in der Nähe der bulgarischen Stadt Warna. Dort wurde zu dieser Zeit ein bedeutender Mann, vermutlich ein Priester oder Stammesführer, mit sage und schreibe 990 Beigaben aus Gold beerdigt, inklusive Goldzepter sowie Gold-Penisaufsatz. Im heutigen Georgien stießen, ebenfalls um 4500 v. Chr., die ersten Goldgräber in die Tiefe vor. Ihre bis heute gut erhaltenen Gruben reichen bis zu 20 Meter in die Erde.

Der älteste Goldfund auf österreichischem Boden ist 500 Jahre jünger. Die zwei Scheiben dürften aus der Zeit um 4000 v. Chr. stammen. Sie wurden 1864 gemeinsam mit kleineren Schmuckstücken und zwei Flachbeilen von einem Hirten im Bereich der Hohen Wand bei Stollhof

Internationales Zahlungsmittel aus der Spätantike: eine byzantinische Goldmünze (ausgestellt im Römermuseum Teurnia, Kärnten).

18

in Niederösterreich entdeckt. Archäologen sprechen von einem sogenannten Depotfund. Der heute im Naturhistorischen Museum in Wien
ausgestellte Schatz ist demnach absichtlich hinterlegt worden, möglicherweise als religiöse Weihegabe. Es könnte sich aber genauso gut nur
um ein vergessenes Versteck handeln. Die goldenen Scheiben mit einem
Durchmesser von 13,8 beziehungsweise 10,8 Zentimetern sind am Rand
mit Punktreihen und in der Mitte mit je drei Buckeln verziert. Parallelen
zu anderen Fundstücken lassen Archäologen auf einen Ursprung „in Sü-
deuropa" schließen. Paarweise durchgeschlagene Löcher dienten wohl
zur Befestigung der Goldscheiben an Halsketten. Aufgrund ihres Wertes
ist von einem hochrangigen Besitzer auszugehen. Wahrscheinlich war
er, wie der Mann im Grab in Warna, Stammesführer oder Priester.

Gold spielte eine zentrale Rolle als Zeichen von Reichtum, Macht oder
sogar göttlicher Abstammung in allen darauffolgenden Hochkulturen
von China über Indien bis ins alte Ägypten. Am eindrucksvollsten zeigt
das ein Blick in das 1922 entdeckte Grab von Pharao Tutanchamun, der
das Land am Nil um 1330 v. Chr. regierte. Seine Mumie befand sich in
drei Särgen. Der äußere und der mittlere waren „nur" vergoldet, der innere hingegen bestand aus mehr als 100 Kilogramm reinem Edelmetall.
Im Alten Testament kommt Gold 389 Mal vor. Es blitzt vor allem bei
der Beschreibung des prachtvollen Jerusalemer Tempels und der Bun-
deslade auf. An einigen Stellen kommt das Edelmetall theologisch aber

Im Mittelalter florierte der Bergbau in Österreich. Zeitgenössisch dokumentiert wurde er zum Beispiel im „Schwazer Bergbuch", das 1556 in Tirol entstand.

19

weniger gut weg. So tanzt das Volk Israel, während Moses auf dem Berg Sinai die Zehn Gebote erhält, im Tal ausgerechnet um das Götzenbild eines goldenen Kalbs. Moses zertrümmert es bei seiner Rückkehr und lässt 3 000 vom Glauben abgefallene Anhänger erschlagen.

NUR SAMMLER ODER AUCH JÄGER?

Aus dem Neuen Testament kennt man Gold – gemeinsam mit Weihrauch und Myrrhe – als Geschenk der Weisen aus dem Morgenland, die damit dem Jesukind im Stall von Betlehem gehuldigt haben. Als das Matthäusevangelium, aus dem dieser Teil der Weihnachtsgeschichte stammt, spätestens 100 n. Chr. geschrieben wurden, befand sich ein großer Teil der damals bekannten Welt längst unter römischer Herrschaft. Dazu zählten die österreichischen Alpen mit ihren offenbar schon von den Kelten ausgebeuteten Goldvorkommen. Über sie berichtet der griechische Geschichtsschreiber Strabon, der von 63 v. Chr. bis 23. n. Chr. gelebt hat, Sagenhaftes: Bei den Tauriskern und den Norikern sei reines Gold in Bohnengröße zu finden.

Einige Historiker verorten diese laut Strabon später von den Römern genutzten Lagerstätten in den Hohen Tauern. Die nach ihren ursprünglichen Bewohnern benannte römische Provinz Noricum umfasste tatsächlich das Gebiet der heutigen Bundesländer Kärnten, Salzburg, Steiermark, Ober- und Niederösterreich, allerdings sind die Schauplätze und Arten des Edelmetallabbaus strittig. Vor allem Montanisten schließen die Hohen Tauern wegen der extremen alpinen Lage der dortigen Goldvorkommen aus. Die höchst kapitalistisch handelnden Römer hätten lieber und weitaus gewinnbringender ganzjährig leicht erreichbare Lagerstätten in Griechenland, Rumänien und Spanien ausgebeutet.

Strabon hat wohl sogenanntes Waschgold gemeint. Das erscheint ebenso logisch wie praktisch: Weder ein Kelte noch ein Römer wird an Goldnuggets oder -flittern vorbeimarschiert sein, wenn sie ihn aus einem Bach angelacht haben. Das war in einigen Teilen Noricums wahrscheinlich gang und gäbe, obwohl wir uns das angesichts der mittlerweile – zumindest für das freie Auge – leergeräumten Gewässer nicht mehr vorstellen können. Neueste Forschungsergebnisse belegen außerdem, dass die Römer bei Neunkirchen in Niederösterreich eine fast schon industrielle Goldwaschanlage betrieben, während für einen „klassischen" Bergbau in ihrer Ära die archäologischen Beweise fehlen. Edelmetall war jedenfalls da, weil es nachweislich verarbeitet wurde. Entsprechende Schmiedewerkzeuge aus römischer Zeit fand man zum Beispiel in Meclaria (bei Thörl-Maglern) und Teurnia (bei Spittal/Drau).

GOLD ALS ZAHLUNGSMITTEL

Historisch unbestritten ist die im römischen Kaiserreich erfolgte Etablierung von Goldmünzen als Zahlungsmittel. Sie waren die mit Abstand stabilste Währung. Der um 309 von Kaiser Konstantin dem Großen eingeführte Solidus – die Goldmünze wog in der Regel 4,55 Gramm – überlebte das weströmische Staatsgebilde sogar um Jahrhunderte. Seine Prägung wurde von den Herrschern germanischer Nachfolgereiche übernommen. Der Solidus galt bis zu Beginn des 12. Jahrhunderts in ganz Europa sowie im gesamten Mittelmeerraum als Leitwährung, womit er seinem Namen, der auf Deutsch so viel wie „Der Zuverlässige" bedeutet, mehr als gerecht wurde.

Als zuverlässig erwiesen sich auch die seit der Antike bekannten Goldvorkommen in den österreichischen Alpen. Am meisten Edelmetall wurde vom 14. bis zum 16. Jahrhundert abgebaut. In den Gruben und den Verarbeitungsbetrieben fanden Tausende Menschen Arbeit. Reich wurden aber nur die allerwenigsten. Das große Geld machten, was uns im 21. Jahrhundert irgendwie bekannt vorkommt, die in der Regel schon vor ihrem Einstieg in das Geschäft vermögenden Investoren und natürlich die jeweiligen Landesherren. Sie allein verfügten über das Recht zur Gewinnung von Bodenschätzen und kassierten deshalb hohe Abgaben. Die stummen Zeugen dieser Zeit, das Leben und die Arbeit der Knap-

Goldschmiedewerkzeug aus der spätantiken Stadt Teurnia (Kärnten).

21

*Aus dem Zahlungs-
verkehr sind Gold-
münzen mittlerweile
verschwunden. Umso
mehr schätzen sie
Sammler und Anleger.*

pen sowie die Geschäfte ihrer Bosse sind Gegenstand der unter dem Titel „Auf Spurensuche" zusammengefassten Kapitel dieses Buches.

Bis zur Entdeckung Amerikas 1492 zählten die spätmittelalterlichen Goldbergbaugebiete im heutigen Österreich zu den bedeutendsten und wirtschaftlich ergiebigsten der Welt. Die Gründe für ihren Niedergang sind strittig. Wahrscheinlich handelte es sich um eine unglückliche Kombination unterschiedlichster Faktoren: Im 15. Jahrhundert begann die sogenannte Kleine Eiszeit, die extreme Winter und eine Ausdehnung der Gletscher zur Folge hatte. Die veränderten klimatischen Bedingungen dürften den Bergbau in höher gelegenen Regionen stark eingeschränkt haben. Dazu kam die Erschöpfung der mit den damaligen technischen Mitteln ausbeutbaren Vorkommen. Man war immer tiefer in den Berg vorgedrungen und nicht mehr in der Lage, dem eindringenden Wasser Herr zu werden.

Außerdem hatte sich plötzlich das Verhältnis von Angebot zu Nachfrage dramatisch geändert, was den Marktpreis des Edelmetalls sinken ließ. Schuld waren die Eroberer der neuen Kontinente und ihr brutaler Goldrausch. Von Hernán Cortés, der im Auftrag der spanischen Krone ab 1519 Mexiko plünderte, wird berichtet, dass er den Azteken erklärt haben soll: „Ich und meine Gefährten leiden an einer Krankheit, die nur mit Gold geheilt werden kann." Cortés & Co. gingen dafür über Leichen und schafften tonnenweise Edelmetall aus Südamerika nach Europa. – Bis 1850 sollten es insgesamt etwa 4 700 Tonnen Gold werden.

DER LEGENDÄRE GOLDSTANDARD

Die beginnende Industrialisierung und der zunehmende Handel über die Grenzen der Staatsgebilde hinweg sorgten für die Entwicklung erster internationaler Regeln für das Finanzwesen. Gold spielte dabei eine entscheidende Rolle. Von 1865 bis 1914 bestand zum Beispiel die Lateinische Münzunion zwischen Frankreich, Belgien, Italien und der Schweiz. Die Mitgliedsstaaten behielten zwar ihre eigenen Währungen, prägten die Gold- und Silbermünzen aber nach einheitlichen Vorgaben, an denen sich eine Zeit lang sogar das mächtige Österreich orientierte. Weil der Edelmetallgehalt der jeweiligen Einheiten identisch war, konnten sie trotz unterschiedlicher Namen international 1:1 verwendet werden.

Gold und Silber bestimmten die Währungspolitik der Länder in der Neuzeit. Daran änderte vorerst auch das Aufkommen von Banknoten nichts. Weil mittlerweile bekannt war, dass das unreglementierte Drucken von Papiergeld zu Inflation und Chaos führt, diente das Edelmetall allen Beteiligten am Zahlungsverkehr im Hintergrund als Sicherheit. Ein Geldschein garantierte dessen Besitzer einen gewissen Anteil am Silber oder Gold, das in der Zentralbank gelagert war. Der scheinbar wertlose Zettel konnte jederzeit in eine vorher festgelegte Menge des Edelmetalls umgetauscht werden.

Diese Art der Bindung einer Währung wird Goldstandard genannt. Er bestand – in unterschiedlichen Ausprägungen – weltweit vom 19. bis zum Beginn des 20. Jahrhunderts. Dann kam der Erste Weltkrieg und die Staaten brauchten Geld. Der Goldstandard wurde ausgesetzt und später nur teilweise wieder eingeführt. Nach dem Zweiten Weltkrieg schuf man mit dem Bretton-Woods-System eine neue internationale Währungsordnung. Benannt ist sie nach dem Badeort in den USA, in dem 1944 das erste Abkommen zu diesem Thema unterzeichnet wurde. Das System sah fixe Wechselkurse zum Dollar vor. Als Leitwährung war

Die Hotspots des Goldbergbaus in Österreich befanden sich rund um den Großglockner.

zumindest er noch an Gold gebunden: Die USA verpflichteten sich, Dollarbestände der teilnehmenden Staaten zu einem festen Kurs gegen Gold zu tauschen. Für 35 Dollar gab es eine Unze.

1973 wurde das Bretton-Woods-System außer Kraft gesetzt. Die fixen Wechselkurse hatten wegen der unterschiedlich schnell wachsenden Volkswirtschaften immer wieder angepasst werden müssen. Außerdem geschah, was bei jedem Goldstandard irgendwann einmal zum Problem wird: Die nur begrenzt verfügbaren Edelmetallreserven konnten mit dem Wirtschaftswachstum nicht mithalten. Überflüssig wurde das Gold damit aber nicht, im Gegenteil. Nachfrage und Preis sind, wenn man es langfristig zum Beispiel seit 1973 betrachtet, um ein Vielfaches gestiegen.

SICHERER HAFEN, DUNKLE GASSEN

Wer kauft Gold? Um die 4000 Tonnen wurden 2014 weltweit jährlich gehandelt. Mehr als die Hälfte davon angelten sich Schmuckhersteller, rund 350 Tonnen gingen zur Weiterverarbeitung an Industriebetriebe, der Rest entfiel auf die Bereiche „Investment" (Barren, Münzen und andere Produkte dieser Art). Befeuert wird das Interesse am Edelmetall im privaten Bereich durch das schwindende Vertrauen der Bürger in das Papiergeld und die globale Finanzpolitik. Die Grenzen zwischen einer gesunden Skepsis und diversen Verschwörungstheorien, die vor allem im Internet rasch Verbreitung finden, sind dabei nicht immer ganz klar. Zumindest in einem Fall hatten die kritischen Geister recht: Bei der Festlegung des Goldpreises gab es durch Großbanken beziehungsweise deren Mitarbeiter Manipulationen. In welchem Ausmaß, bleibt allerdings unklar. Das Goldfixing, wie man die Preisfestlegung in der Fachsprache nennt, wurde mittlerweile grundlegend reformiert. Seit 1919 hatten sich dafür zwei Mal pro Tag – immer um 10.30 und 15 Uhr – die Vertreter mehrerer internationaler Banken zusammengesetzt. Bis 2004 erfolgten diese Meetings physisch in London, danach in Form einer Telefonkonferenz. Dabei wurden Kauf- und Verkaufsorder so lange abgeglichen, bis am Ende ein Preis pro Barren feststand. Seit März 2015 wird das Fixing ohne menschlichen Einfluss und Absprachemöglichkeiten durchgeführt. Eine Software errechnet auf der Basis realer Transaktionen zwei Mal täglich automatisch einen neuen Kurs.

Im sicheren Hafen, als der Gold gerne bezeichnet wird, gibt es auch einige dunkle Gassen, sprich: dubiose Geschäftemacher. Seriöse Unternehmer und Experten aus der Branche arbeiten in Österreich eng mit Konsumentenschützern zusammen, um Betrügern das Handwerk zu legen, die etwa bei Haustürgeschäften günstig an Altgold kommen wollen. Besondere Vorsicht ist – wie überall im Finanzbereich – bei vermeintlich garantierten Gewinnen geboten. Goldsparpläne, bei denen man Firmen monatlich Geld für den Ankauf von Gold überweist, kosten aufgrund der hohen Spesen oft mehr als sie im Endeffekt bringen. Dazu kommt, dass Kunden ihr Gold am Ende der Laufzeit oft in Barren erhalten, die nur schwer oder mit hohen Abschlägen wieder loszuwerden sind.

UNGEHOBENE SCHÄTZE

Zu den absoluten Goldexperten im deutschsprachigen Raum zählt der österreichische Fondsmanager Ronald-Peter Stöfferle, der seit 2007 jährlich eine viel beachtete Studie veröffentlicht. Sein „In Gold we Trust"-Report beleuchtet die Entwicklung des Edelmetallmarkes und vor allem die Faktoren, die ihn beeinflussen. „Nach der knapp verhinderten Implosion des Finanzsystems im Herbst 2008 befinden wir uns nun im siebten Jahr weltweiter Notenbankexperimente", schreibt Stöfferle in seiner Studie 2015. Er arbeitet darin unter anderem die seiner Meinung nach „bemerkenswerte" Divergenz zwischen der tatsächlichen Goldpreisentwicklung und der vorherrschenden negativen Wahrnehmung vieler Marktteilnehmer heraus.

„Zahlreiche Vergleiche aus dem täglichen Leben zeigen, dass Gold derzeit alles andere als übertrieben teuer bewertet ist", schreibt der Fondsmanager. Mit einem plakativen Vergleich rät er sogar Investoren, die

Als wären die Knappen gerade erst aufgestanden: historische Schlägel im Schaubergwerk Hainzenberg (Tirol).

felsenfest auf die internationale Währungspolitik vertrauen, zu einem Edelmetall-Investment: „Auch wenn die Titanic als unsinkbar galt, so hatte sie Rettungsboote an Bord." Und ein Rettungsboot kann wertvoll sein, vor allem wenn es nicht unendlich viele davon gibt. „Die jährliche Erhöhung der insgesamt verfügbaren Goldmenge liegt historisch konstant unter jener der Ausweitung der Geldmenge", hält Stöfferle fest.

2014 wurden weltweit 3 157 Tonnen „neues" Gold gefördert (der Rest auf die bereits erwähnten rund 4 000 gehandelten Tonnen kommt aus dem Recycling von Altgold). Die Liste der Produktionsländer führt mit 450 Tonnen China an, gefolgt von Australien, Russland, den USA, Kanada, Peru und Südafrika. Österreich spielt im Ranking der Minen keine Rolle mehr. Sämtliche Pläne, den überall längst stillgelegten Goldbergbau nach dem Zweiten Weltkrieg wieder aufzunehmen, sind gescheitert. Potenzial wäre aber angeblich da. Allein in den Felsen der Hohen Tauern soll laut Geologen noch tonnenweise Gold eingeschlossen sein. Um es aus der Weiterverarbeitung aus dem Erz zu lösen, müssten allerdings giftige Chemikalien eingesetzt werden. Die Chance, dafür eine behördliche Genehmigung zu bekommen, ist gleich null.

Um Umweltschäden zu vermeiden, kommen weltweit immer häufiger alternative, „grüne" Verarbeitungsmethoden zum Einsatz. Man spricht dann von Bio-Mining, für das zum Beispiel Bakterien eingesetzt werden. Dieses Konzept verfolgt die Schweizer Aurex AG, die eine Wiederaufnahme des Goldbergbaus in der Obersteiermark prüft. Bereits betrieben, bisher jedoch nur im geringen Umfang, wird in Österreich das Urban Mining. Dabei handelt es sich um das Recycling von Edelmetallen aus Elektronikschrott. In vielen Geräten stecken kleinste Bauteile aus Silber, Platin, Kuper – und Gold! Es ist davon auszugehen, dass diese Form der Wiederverwertung in den kommenden Jahren boomen wird, weil immer mehr Elektronik immer früher auf dem Schrotthaufen landet.

Noch viel kleinteiliger ist die Suche nach Gold im Meerwasser, die für Österreich als Binnenstaat ausscheidet. In den Ozeanen der Welt sollen bis zu 70 Millionen Tonnen des Edelmetalls schwimmen. Weltweit arbeiten Forscher seit Jahren an Methoden, wie man das teilweise aufgelöste Gold einfangen und aus dem Wasser holen kann. Geklärt und ad acta gelegt ist hingegen die Frage, die auch in unseren Breiten Wissenschaftler – oder, geheimnisvoller formuliert, Alchemisten – über Jahrhunderte hinweg beschäftigt hat: Ja, man kann Gold künstlich herstellen. Allerdings funktioniert das nur in einem Teilchenbeschleuniger oder in einem Kernreaktor, was das Verfahren extrem aufwendig und dadurch unwirtschaftlich macht. Edelmetall auf diese Art und Weise zu gewinnen, ist um ein Vielfaches teurer als der konventionelle Bergbau.

GOLDRAUSCH

Was im Kopf passiert

Die Idee war gut, das Echo schlecht. In freudiger Erwartung zahlreicher hämischer Kommentare, die im Anschluss natürlich publizistisch verwertet werden sollten, hatte ich auf Facebook herausfordernd gepostet: „Auf geht's zur Psychologin!" Die damals exakt 1578 Fans unserer Seite überraschte die Ankündigung allerdings gar nicht (oder sie durchschauten mein falsches Spiel sofort, was ich für viel wahrscheinlicher halte). Wie auch immer: Es gab nur vier Reaktionen. Drei User klickten auf „Gefällt mir", einer kommentierte. Der junge Mann – er arbeitet ebenfalls in der Medienbranche und ist uns persönlich bekannt – schrieb: „Zeit wird's!" Ergänzt war sein Statement durch drei fröhlich weinende Smileys, die offenbar zum Ausdruck bringen sollten, dass er beim Verfassen Tränen gelacht hatte.

Ich darf nun endlich aufklären (auf Facebook wollte es ja niemand genau wissen): Der Fotograf und ich haben tatsächlich fachlichen Rat gesucht.

So inszenierte der österreichische Performancekünstler Wolfgang Plattner (der „Cowboy" ganz rechts) das Thema Goldrausch.

27

Die Goldgräberhütte auf dem Mölltaler Gletscher in Kärnten ist heute ein Museum der Sehnsucht.

Der Goldwaschplatz im Raurisertal in Salzburg ist nicht nur ein idyllisches Platzerl für Touristen. Hier treffen sich auch verschwiegene Profis, die auf der Suche nach dem Edelmetall sind.

Michaela Bleyer, Doktorin der pädagogischen Psychologie und Expertin für klinische Hypnose in Klagenfurt, sollte unsere Fragen zum Thema Goldrausch beantworten. Gibt oder gab es tatsächlich Menschen, die auf gut Österreichisch nur mehr Gold im Schädel hatten? Wenn ja: Was geht in solchen Köpfen vor? Kann man das behandeln? Oder ist der Begriff Goldrausch nur eine historische Überschrift für kleinere Völkerwanderungen, die Edelmetallfunde seit der Antike rund um den Globus immer wieder ausgelöst haben?

Gegen einen Rauschzustand im wahrsten Sinn des Wortes sprechen Erkenntnisse der Sprachwissenschaft, so viel haben wir schon vor unserem

Besuch bei der Psychologin herausgefunden. Goldrausch kommt vom englischen *gold rush*, was wörtlich mit Goldansturm zu übersetzen wäre. Die *rush hour* kennen wir noch aus dem Englischunterricht in der Schule und wissen, dass es sich dabei um die Hauptverkehrs- bzw. Stoßzeit handelt und eben nicht um eine Rausch-Stunde (diese wäre dann die *happy hour*). Solche vermeintlich äquivalenten Begriffe wie gold rush/Goldrausch nennen Sprachwissenschaftler übrigens „falscher Freund". Sie täuschen sogar Verwandtschaft vor, können aber ordentlich in die Irre führen.

WIE SPIELSUCHT

Dementsprechend skeptisch betreten wir die Praxis von Frau Doktor Bleyer. „Kuschelig" würden Kinder diese Umgebung nennen. Ich denke beim Anblick der vielen freundlichen Polstermöbel eher an das Liebesnest eines Paares mit Bandscheibenvorfall, behalte das jedoch vorsichtshalber für mich. Die farbliche Dominanz von Orange kratzt am Overkill – mit voller Absicht, wie Bleyer erklärt: „Orange ist ein Kraftspender nach physischer oder seelischer Erschöpfung. Die Farbe strahlt vitale Stärke und Aktivität aus, ihre Wärme hebt die Stimmung. Pessimismus,

Die Psychologin Michaela Bleyer sagt: „Selbstverständlich gibt es eine Art Goldrausch."

Depression und Antriebsarmut werden verblüffend positiv beeinflusst. Orange lockert und aktiviert jeden, der im grauen Alltag erstarrt ist."
Nachdem ich – wohl gelockerter und aktivierter als sonst – meine Fragen vorgetragen habe, ist klar, dass wir eine längere Sitzung haben werden. Bleyer antwortet nämlich: „Selbstverständlich gibt es eine Art Goldrausch." Betroffene würden wie Spielsüchtige agieren. Sie jagen rastlos den Glücksmomenten nach, in denen der Automat klingelt oder eben ein Goldfund gemacht wird. Mit einem Gewinn oder einem Nugget ist es, sollte dieser Fall überhaupt eintreten, aber nicht getan. „Der Süchtige will dann mehr und mehr. Er verfällt in einen Rauschzustand", überrascht uns die Expertin. Psychologisch ist die Bezeichnung Goldrausch also

durchaus zutreffend. Gefährdet waren und sind, wie bei der Spielsucht, vor allem Männer. „Sie haben mehr Gelegenheit dazu. Bis heute kommen Männer leichter von zu Hause weg als Frauen."

Ich wage Widerspruch. Die oft verzweifelte Suche nach Gold hätte, historisch betrachtet, doch immer wirtschaftliche Gründe gehabt. Suchtverhalten sei mir bei unseren Recherchen, abgesehen von damals gängigen Aufputschmitteln wie Arsen und Alkohol, keines untergekommen. Kurz und gut: Die armen Knappen waren doch keine Junkies und ihre Stollen keine verrauchten Tankstellen-Hinterzimmer mit blinkenden Automaten! Bleyer lässt meinen Einwand nur bedingt gelten. „In einer wirtschaftlichen Notsituation stürzt man sich natürlich eher in ein Abenteuer. Das ist immer schon so gewesen. Trotzdem hat Suchtverhalten – und dazu zählt eben der Goldrausch – meist eine soziale Komponente, einen Auslöser, der vordergründig nichts damit zu tun hat, im Hintergrund allerdings sehr wohl", entgegnet sie mir.

Bleyer schildert ein Beispiel aus der Praxis: Ein krebskranker Mann wird wieder gesund und belohnt sich selbst für die Qualen der durchlittenen Chemotherapie. Er will sich etwas gönnen, das Leben in vollen Zügen genießen. Deshalb leistet er sich einen Casino-Besuch, das Glückgefühl ist da und die unbewusste Suchtfalle schnappt zu. „Verglichen mit den schwerwiegenden späteren existenziellen Auswirkungen eines Suchtverhaltens, sind die Vorgeschichten oft banal. Manchmal reicht es, wenn ein Mensch unglücklich ist, wenn ihm etwas fehlt oder wenn er seinen Partner nicht mehr ertragen kann", sagt die Psychologin.

RÜCKFÜHRUNG IN EIN FRÜHERES LEBEN

Die Ursachenforschung in der Vergangenheit, die klarerweise nicht immer so einfach ist, erfolgt unter Hypnose. „Im alltäglichen Leben benutzen wir nur unsere linke Gehirnhälfte, während in der rechten unbewusst alles gespeichert ist, was wir erlebt und erfahren haben. Sie ist die Festplatte unseres Lebens, die jede Sekunde gespeichert hat. In der Hypnose wird, vereinfacht erklärt, die Barriere der Rationalität in der linken Gehirnhälfte umgangen, um auf die Erinnerungen in der rechten Gehirnhälfte zuzugreifen." Wir nicken (ganz bewusst, also wohl mit der linken Gehirnhälfte), was Bleyer motiviert, zu einem Fremdwort zu greifen. „Bei der Altersregression gehe ich gemeinsam mit dem Klienten in seine Vergangenheit zurück. Wir versuchen, das Problem dort zu finden und lösen." Die Psychologin macht eine kurze Pause, lächelt, weil sie weiß, dass sie uns gleich auf dem falschen Fuß erwischen wird, und rückt schließlich damit heraus: „Das kann auch in einem früheren Leben des Klienten sein."

Stopp. Reden wir jetzt über sogenannte Rückführungen?! Bleyer bejaht, schränkt aber angesichts meiner Skepsis sofort ein: Dass Menschen unter Hypnose traumatische Ereignisse aus vermeintlichen früheren Leben schildern, von den sie im Wachzustand keine Ahnung haben, sei selbstverständlich kein wissenschaftlicher Beleg für Reinkarnation. „Ich bin sicher schon 20 Mal als Hexe verbrannt worden", lacht sie. Es gibt Theorien, wonach eine Seele angeblich bis zu 500 Mal wiederkehren kann. Das klingt anstrengend. Da muss ja die fleißigste Seele einmal ein Burn-out kriegen und süchtig oder goldrauschig werden, witzle ich. Bleyer nimmt es mir nicht übel: „Für Klienten, die daran glauben, sind diese Erinnerungen real, für andere reine Fantasie. Die Bezeichnung ist im Prinzip völlig egal. Wichtig ist, dass es funktioniert."

Wir bitten um ein Beispiel. Bleyer erzählt uns von einem stotternden Klienten. Bei der Rückführung berichtete er, dass man ihm in einem früheren Leben im Mittelalter die Zunge herausgeschnitten hatte. Es war die Strafe für eine Schmähung der Obrigkeit, die ihm das Leben so schwer machte, dass er sich zwei Jahre später ertränkte. Ein imaginärer Heilungsvorgang in der Vergangenheit, den ihm die Psychologin unter Hypnose suggerierte, ließ das Stottern in der Gegenwart verschwinden. Bisher habe sie alle Ängste ihrer Klienten heilen können, sagt Bleyer. Dafür muss sie sich oft Grausliches anhören. „Nicht in allen Leben ist man eines natürlichen Todes gestorben. Das lässt eine Seele danach nicht

Ab auf die Couch! Michaela Bleyer ist Expertin für klinische Hypnose.

31

mehr los." Ein Klient, der von einem früheren Leben als Bergmann, Goldwäscher oder Alchemist erzählt hat, ist ihr bisher übrigens noch nicht untergekommen. Schade.

HYPNOSE ALS „WOHLTUENDE ENTSPANNUNG"

Weil ich befürchte, dass wir unseren Goldrausch nach Fertigstellung des Buches behandeln lassen müssen, hake ich methodisch nach: Wie hypnotisiert man einen Menschen? Mit stechenden Blicken, schwingenden Pendeln oder kreisenden Handbewegungen? Bleyer zerkugelt sich und holt aus: „Bei der klinischen Hypnose hilft der Therapeut dem Klienten, in eine angenehme Trance zu wechseln. Ziel ist der Zustand zwischen Wachsein und Schlafen, in dem sich jeder Mensch mindestens zwei Mal am Tag befindet, und zwar kurz vor dem Einschlafen und kurz vor dem Aufwachen. Ich führe die Klienten mit Worten dorthin. Es liegt in der Hand jedes einzelnen, wie tief er sich auf diese wohltuende Entspannung einlassen will."

Im Talmuseum Rauris werden Fundstücke aus den Stollen auf dem Hohen Goldberg ausgestellt.

Das gilt dann auch für die eigentliche Problemlösung in der Trance. Der Klient entscheidet, welche Ideen beziehungsweise Bilder er annimmt, die ihm der Therapeut anbietet. Hypnose ist kein Produkt von der Stange, sondern immer höchst individuell. Bleyer nennt dafür das simple Beispiel eines Spielsüchtigen, dem die Frau mit der Scheidung gedroht

32

hatte, sollte er damit nicht aufhören. Bei ihm setzte Bleyer einen sogenannten posthypnotischen Befehl ein. Immer wenn der Mann ein Casino betreten will, fallen ihm jetzt seine Gattin und seine Kinder ein, die er
liebt und nicht verlieren will. Er dreht deshalb um und geht nach Hause.
„In diesem Fall ist eine ganz andere Problemlösung gefragt als bei einer
Frau, die spielen geht, weil sie ihren Mann nicht mehr aushält. Bei ihr
könnte das Ziel lauten: Ich gehe jetzt nicht mehr ins Casino, weil ich das
Geld für die Scheidung sparen will, um den Typen nie mehr sehen zu
müssen", erklärt uns die Psychologin.

Der Fotograf schlägt vor, dass ich mir meine Höhenangst „weghypnotisie-
ren" lasse. Ich lehne mit gutem Grund ab: Sie rettet mir das Leben, wenn
ich mit ihm im alpinen Gelände alte Goldstollen suche. Zur Strafe muss
ich doch noch auf die orange Couch – der Fotograf braucht ein Bild von
Doktorin Bleyer mit einem Klienten bei der Hypnose. Ich mime den Klienten unter der kuscheligen und wenig überraschend ebenfalls orangen
Decke. Die Psychologin erzählt mir mit ihrer wahnsinnig beruhigenden
Stimme irgendetwas von einer Blumenwiese und einem Weg. Ich bin aber
wild entschlossen, mich für dieses Foto keinem Experiment zu unterzie-
hen und wehre mich gedanklich. Weil mir gerade nichts anderes einfällt,
denke ich an einen Stollen, in dem Wasser von der Decke tropft.

Um nur ja nicht locker zu werden, kralle ich unter der Decke die Finger
in meine Jeans und lasse die Recherchen zum Thema Goldrausch ge-

Harte Arbeit. Werk-
zeuge der Knappen im
Raurisertal.

danklich Revue passieren. Da war doch was mit Jeans?! Genau! In der zweiten Hälfte des 19. Jahrhunderts erfand der ursprünglich aus Bayern stammende Stoffhändler Levi Strauss in San Francisco eine besonders unverwüstliche Hose mit möglichst großen Taschen für Goldsucher. Das in den Anfangsjahren noch braune Beinkleid entwickelte er später zur legendären Blue Jeans weiter. Strauss wurde damit indirekt zum größten Profiteur des damaligen kalifornischen Goldrausches. Er starb 1902 als Millionär.

„Fertig!" Die Vollzugsmeldung des Fotografen befreit mich von weiteren Gedankenexperimenten. Beeindruckt gebe ich zu Protokoll: Ohne meine Abwehrhaltung hätte es wohl funktioniert. Bleyer dürfte allerdings schon ganz andere Kaliber in Trance versetzt haben. „Ich weiß", sagt sie cool und äußert zum Abschluss noch ein Anliegen: „Es passt nicht in euer Buch, aber bitte schreibt, dass man einen großen Bogen um Showhypnosen in Diskos, auf Zeltfesten und bei ähnlichen Veranstaltungen machen sollte." Die Künstler, die sich zum Teil „Mentalisten" nennen, würden bei Teilnehmern oft großen Schaden anrichten. „Im Unbewussten haben Pfuscher nichts verloren. Die klinische Hypnose nach Milton H. Erickson ist nicht umsonst eine streng geregelte und komplizierte Ausbildung."

GOLDRAUSCH DER GEGENWART

Beim Wälzen diverser Fachliteratur stolperte ich unter anderem über den Newsletter „Steffens Daily" des deutschen Wirtschaftsjournalisten Jochen Steffens. Für das Portal *www.stockstreet.de* verglich er 2012 das Verhalten von Menschen, die ihr Geld – ohne etwas von der Materie zu verstehen – an der Börse investieren, mit einem Goldrausch: „Es besteht schließlich die (in Wahrheit eher theoretische) Möglichkeit, sehr schnell reich zu werden. Und so machen sich viele Glücksritter auf, Trader zu werden, bewaffnet mit viel Hoffnung und einem gesunden Maß an Selbstüberschätzung. Im Goldrausch war es nicht anders – die Menschen wussten nicht viel vom Goldschürfen, aber der Ruf des schnellen Reichtums verdrehte vielen den Kopf."

Cineasten mit einem Hang zum Historischen überrascht das nicht. Der Stummfilm „The Gold Rush" von Charlie Chaplin (der im deutschen Sprachraum wenig überraschend unter dem Titel „Goldrausch" erschien) hatte schon 1925 die glücksritterliche Planlosigkeit zum Thema. In der für ihn typisch komödiantischen Art und Weise zeichnete der große Meister darin die zum Teil tragischen Ereignisse des legendären Klondike-Goldrausches um 1900 nach. In einer Schlüsselszene kocht der hungerleidende von Chaplin gemimte Goldgräber einen seiner Schuhe.

Die Schnürsenkel wickelt er wie Spaghetti auf, die Schuhnägel nagt er wie Hühnerknochen ab.

Als Vorlage dafür dienten reale Ereignisse. Unter Goldgräbern, die durch Schneefälle und Lawinenabgänge von jeglicher Versorgung abgeschnitten waren, soll es damals tatsächlich zu Kannibalismus gekommen sein. Die Produktion von „The Gold Rush" kostete eine Million Dollar. Die Komödie spielte sechs Millionen ein und gehört laut „American Film Institute" zu den 100 besten amerikanischen Filmen aller Zeiten. Goldgrube ist er keine mehr – auf YouTube kann man ihn mittlerweile gratis sehen. Auch das Internet dient manchmal sogenannten Rückführungen.

Die Friedhofskapelle in Rauris erinnert Besucher im Eingangsbereich an unsere begrenzte Zeit auf Erden. Bergleute wurden selten älter als 40 Jahre.

Auf Spurensuche

WILDER WESTEN

Hainzenberg (Tirol)

Vorhergehende Doppelseite: In den Stollen von Schellgaden (Salzburg) wurde zuletzt im Zweiten Weltkrieg nach Gold gesucht.

Die Tiroler pflegen mit Gästen, die ihr schönes Land besuchen, einen professionellen Umgang. Das ist hinlänglich bekannt. Wie kreativ sie sich dabei ins Zeug legen, kann andere Österreicher aber noch immer überraschen. Kurz gesagt: Wir haben blöd geschaut, als wir das alte Goldbergwerk von Hainzenberg gesucht – und einen kleinen Themenpark gefunden haben.

Hainzenberg liegt südöstlich von Zell am Ziller am Beginn der Gerlosstraße, die weiter durch das Gerlostal und über den Gerlospass nach Salzburg führt. In einer ihrer ersten Kurven beziehungsweise Kehren, wie es im Alpenraum heißt, beginnt das „Abenteuer Goldbergbau" (so steht es im Werbefolder und auf der Webseite). Ausgangspunkt für die im Sommer stündlich angebotenen Touren ist eine Art Almhütte an der Gerlosstraße. Die Wartezeit kann man zur Nahrungsaufnahme nutzen. Es gibt Currywurst mit Pommes, aber auch österreichische Bratwürstel mit Senf, Kren und Brot.

Der Gold-Express bringt Besucher zum Schaubergwerk.

Im Schaubergwerk gilt Helmpflicht.

Die Zündmaschine ist echt, die Sprengung nicht.

Besucher werden normalerweise mit dem Gold-Express zum Stollen kutschiert. Wir fahren nicht mit dem knallroten Bummelzug. Juniorchef Stefan Rieser gewährt uns eine Privatführung, bei der rasch klar wird, dass hinter der professionellen touristischen Vermarktung echtes Engagement für die Sache steht. Seine Familie pflegt mit dem 1997 eröffneten Schaubergwerk die Erinnerung an legendäre, aber dennoch beinahe vergessene Zeiten im Zillertal.

SALZBURG UND TIROL IM KRIEGSZUSTAND

Die Suche nach Gold in Hainzenberg wurde 1506 erstmals urkundlich erwähnt. Damals gehörte das Zillertal nicht zu Tirol, sondern zum Fürsterzbistum Salzburg. Um im Grenzgebiet nicht ständig streiten zu müssen, hatten die Länder bereits 1427 einen Vertrag abgeschlossen. Er regelte das gemeinsame Betreiben der Gold- und Silberbergwerke im Zillertal. Kosten und Erlöse waren „zu gleichen Teilen" (also 50:50) von den Salzburger Erzbischöfen und den Tiroler Landesfürsten zu tragen. 1533 erneuerten die Herrscher das Abkommen und setzten sogar einen gemeinsamen Bergrichter ein, der die wirtschaftlichen Interessen beider wahren sollte.

Das Geschäft boomte. Rund um Hainzenberg wurden weitere Edelmetallvorkommen entdeckt, was besonders den Salzburger Erzbischof Paris von Lodron freute. Er brauchte Geld, um seinen Herrschaftsbereich aus den Wirren des 1618 bis 1648 tobenden Dreißigjährigen Kriegs herauszuhalten. 1630 erklärt der Bischof den Vertrag über die Aufteilung der Gewinne kurzerhand für ungültig, beanspruchte das ganze Gold aus den Zillertaler Bergwerken für Salzburg und ließ die Tiroler Knappen vertreiben.

Beinahe wäre der Konflikt zu einem echten Krieg zwischen den beiden Ländern ausgeartet. Der Tiroler Landesherr, Erzherzog Leopold V., drängte auf einen Gegenangriff, doch die Stände verweigerten ihm die dafür notwendigen Mittel und Mannschaften. Erst 1647 schloss man – unter anderem durch Vermittlung des Kaiserhauses – Frieden. Die ursprüngliche 50:50-Regelung trat wieder in Kraft, machte aber niemanden mehr reich. Große Goldfunde blieben aus. Außerdem gab es technische Probleme. Viele Anlagen waren von den Streitparteien absichtlich zerstört worden.

Bis Ende des 19. Jahrhunderts wurde in Hainzenberg weiter Gold abgebaut. 1803 kam das Zillertal zu Tirol und das Bergwerk damit in den Besitz des Staates. 1858 übernahm es die Vincenzi-Gewerkschaft, ein Joint-Venture der Bischöfe von Brixen und Salzburg. Rund 50 Knappen waren damals im Bergbau beschäftigt, ihre Zahl sank jedoch kontinuierlich wie die Erträge. Weil die sogenannte Wasserhaltung (das Heben des zunehmend eindringenden Wassers) nicht mehr bewältigt werden konnte, mussten tiefere Gruben nach und nach aufgegeben werden. 1870 betrug die Ausbeute nur mehr 0,243 Kilogramm Gold, 1871 überhaupt null. Der Betrieb wurde eingestellt.

ZEUGEN EINER „SPRENGUNG"

In den folgenden Jahren wechselte das Bergwerk mehrmals den Besitzer. Keinem gelang ein wirtschaftlich nachhaltiger Neustart. Auch ein US-Unternehmen, das um 1880 immerhin noch einmal bis zu 60 Männer beschäftigte, blieb erfolglos. Das Innere des Schaubergwerks im alten Fahnenschlagstollen erinnert bis heute ein wenig an den Wilden Westen, was aber eher mit der Inszenierung zu tun haben dürfte. Höhepunkt der

Das Gestein ist brüchig, weshalb die Stollendecke und teilweise auch die Seiten durch Holzkonstruktionen gestützt werden müssen.

Überall auf dem Hang sind Spuren zu finden, die der Bergbau in der Landschaft hinterlassen hat.

Ein verbrochener Stollen aus dem Mittelalter.

Führungen ist eine „Sprengung" in bester Lucky-Luke-Manier: Ein Gast darf den Hebel der Zündmaschine nach unten drücken. Licht und Ton lassen es krachen, dann liegt plötzlich ein Plastikskelett da. Wenn der Guide jetzt noch eine zerraufte Frisur und ein rußverschmiertes Gesicht hätte, wäre das Bild aus den Comics unserer Jugend perfekt.

Den heutigen Effekten auf Knopfdruck ist ein Anpacken wie einst beim Abbau des Goldes vorangegangen. Stefan erzählt uns, dass vor der Eröffnung des Schaubergwerkes mehr als 500 Kubikmeter Schutt aus dem Berg geschafft werden mussten – zum allergrößten Teil händisch. Der Zugang war und ist für die meisten Maschinen zu klein. Abseits der Show beeindruckt uns vor allem die 16 Meter hohe Radstube, in der anschaulich erklärt wird, mit welchen technischen Methoden die Knappen früher versucht haben, dem sogenannten Grubenwasser Herr zu werden.

Verstärkt im wahrsten Sinn des Wortes wird der Eindruck, dass wir uns im Wilden Westen befinden, durch die Zimmerung der Stollen. So nennt man das Abstützen von Decken und Wänden durch mächtige Holzkonstruktionen. Sie sind in Hainzenberg von jeher notwendig gewesen, weil das Gestein sehr brüchig und ständig in Bewegung ist. Für die Überwachung werden Kluftspione eingesetzt, die tatsächlich so heißen. Dabei handelt es sich um kleine Glasplatten, die in Felsspalten geklebt werden. Bei der geringsten Verschiebung gehen sie zu Bruch. Die Kluftspione werden laufend kontrolliert, um sofort auf Veränderung reagieren zu können.

KIRCHE HÄNGT IN DER LUFT

Wie heikel die geologische Situation gerade in Hainzenberg ist, zeigt das Beispiel der Wallfahrtskirche Maria Rast. Sie steht am Rand des Abbaugebietes und wäre am 4. April 1914 beinahe vom Erdboden verschwunden. Das jahrhundertelange Aushöhlen ihrer unmittelbaren Umgebung durch die Suche nach Gold – sowohl an der Oberfläche als auch unterirdisch – hatte zu einem Bergsturz geführt. Die Kirche wurde schwer beschädigt, ein Turm musste abgetragen werden. Das Gotteshaus steht seither nicht mehr unmittelbar am Abgrund, sondern ragt, gestützt durch Holzbalken, zum Teil über ihn hinaus.

Der prekäre Standort geht auf eine Sage zurück: Als Anfang des 18. Jahrhunderts gleich neben der damals zu klein gewordenen ersten Wallfahrtskapelle am Hainzenberg eine neue Kirche errichten werden sollte, verletzte sich einer der Zimmerleute. Tauben nahmen die blutgetränkten Holzspäne auf und trugen sie zum Felsen über dem Goldbergwerk. Das wurde als Zeichen des Himmels gedeutet, das neue Gotteshaus an dieser,

Die Kirche Maria Rast ist ein beliebtes Ziel von Wallfahrern.

Kluftspione sind Agenten im Dienst der Geologie.

Seit dem Bergsturz 1914 hängt die Kirche teilweise in der Luft.

Bis auf das Schaubergwerk sind alle Stollen in Hainzenberg verschlossen.

wie mittlerweile bekannt ist, wackligen Stelle zu bauen. Es wurde 1739 fertiggestellt.

Bei einem Spaziergang durch den Hang, auf dem die Wallfahrtskirche steht, sollte man den Weg keinesfalls verlassen. Ein falscher Schritt kann hier lebensgefährlich sein. Das bizarr anmutende Bergsturzgelände ist übersät mit Pingen, die darauf hindeuten, dass im Untergrund Teile der alten Goldmine eingestürzt sind. Teilweise lassen sich sogar alte Tagbaue, also Stellen, an denen an der Erdoberfläche nach Gold geschürft worden ist, sowie frühere Stolleneingänge und deren Verlauf ausmachen. Die spektakuläre Landschaft aus Kratern und Felsen ist noch immer in Bewegung und wird durch laufende geologische Messungen überwacht.

Maria Rast, der Name der Kirche, kommt übrigens tatsächlich vom Begriff „rasten". An dieser Stelle ist das im 21. Jahrhundert aber hauptsächlich echten Wallfahrern vorbehalten. Der Rest rastet nach der Führung durch das Schaubergwerk und der Rückfahrt mit dem Gold-Express noch lange nicht. Die Tour endet mit einer Verkostung in der Schaukäserei bei der Almhütte, hinter der es außerdem einen Tierpark gibt. Tüchtig, tüchtig, die Tiroler.

INFO & KONTAKT

ZILLERTALER GOLD-SCHAUBERGWERK
Unterberg 109
6278 Hainzenberg
www.goldschaubergwerk.com

Besichtigen kann man das Schaubergwerk ausschließlich im Rahmen von Führungen. Sie beginnen im Mai und Juni täglich um 11 und 13 Uhr, im September und Oktober um 11.30 und 14 Uhr. In den Monaten Juli und August findet „zirka stündlich" eine Tour statt.

DER LETZTE KNAPPE
Raurisertal (Salzburg)

Ich nenne das Phänomen, das uns hin und wieder begleitet, schlicht und einfach Blitzableiter. Wenn der Wanderweg plötzlich endet oder, was weitaus öfter der Fall ist, unsere Kräfte am Ende sind, wenn ein Museum überraschend geschlossen hat oder wir vor anderen verschlossenen Türen stehen: Dann muss der Blitzableiter herhalten. Er ist für den Fotografen und mich in diesem Moment schuld am Unheil der Welt, weshalb wir umgehend und laut über ihn herziehen. Die Liste derer, die das tatsächlich verdienen, haben wir schon allzu oft abgearbeitet (Regierung, Sozialversicherungsanstalt der gewerblichen Wirtschaft, GIS und andere Inkassobüros). Deshalb dürfen manchmal auch andere in Abwesenheit büßen. Bei unseren Nachforschungen im schönen Raurisertal war es Hermann.

Rauris ist ein beschauliches Fleckchen im Salzburger Pinzgau, das sich um einen sanften Tourismus bemüht: Natur, Wandern und im Winter natürlich Skifahren. Die Marktgemeinde hat mehr Gästebetten (insgesamt 3 500) als Einwohner (3 100), was aber im Unterschied zum Brachial-Fremdenverkehr im angrenzenden Gasteinertal nicht auffällt. Verkehrstechnisch lebt man in einer Sackgasse. Im Süden geht das Rauriser- in das Hüttwinkltal über. Es endet in der Kernzone des Nationalparks Hohe Tauern an den Hängen und Wänden der Goldberggruppe, die nicht ohne Grund so heißt. In der Gegend wurde vom Mittelalter bis ins 19. Jahrhundert Gold abgebaut.

Ausgangspunkt unserer Spurensuche ist Kolm Saigurn, die Ortschaft im Talschluss. Sie liegt bereits auf 1600 Meter Seehöhe und besteht nur aus ein paar verstreut liegenden Jagd- und Almhütten sowie zwei Gasthöfen. Kolm ist ein alter Begriff aus der Sprache der Bergmänner und bedeutet Pochwerk. Hier befanden sich also die Anlagen, die das Erz für die Weiterverarbeitung zerkleinerten. Über die Bedeutung des Namens Saigurn sind sich die Experten bis heute nicht einig. Eine besonders originelle Theorie sieht darin eine Abwandlung des bairischen Dialektwortes „Saichkurn". Es ist eine Zusammensetzung aus „saichen" (urinieren) und „Kurn" (Grube) und könnte – ungewöhnlich treffend – die geografische Lage des Ortes beschreiben. Und zwar als grubenartige Geländeformation, in die von den umliegenden Hängen durch kleine Wasserfälle „uriniert" wird.

„WOS MOCHT'S ES DO?!"

Die letzten 5 Kilometer der Straße nach Kolm Saigurn sind gesperrt. Befahren dürfen sie nur Anrainer, Einsatzkräfte, Post sowie fußmarode Autoren und Fotografen. Wir haben vom Tourismusverband eine Karte bekommen, die den Schranken öffnet, jedoch gleichzeitig das Herz von Hermann verschließt. Er ist Wirt eines der beiden Gasthöfe und begrüßt uns beim Aussteigen mit dem Charme eines Braunbären, der unter einer schweren Fellallergie leidet: „Wos mocht's es do?!" Dass wir keine deutschen Urlauber auf der Suche nach Kaffee und Kuchen sind, hat ihm unsere Ausrüstung verraten. Wir legen Stativ, Kamera, Helme und Lampen zur Seite und schildern Hermann höflich unser Anliegen.

Er brummt. Hermann missbilligt offenbar unsere Pläne zur Dokumentation der Bergbauruinen, die wir bereitwillig zum Besten geben, um das Eis zu brechen: „Do waß jo jeda Bergbauernbua mehr!" Er klärt uns deshalb kurz über die aus seiner Sicht wahren Hintergründe auf, allerdings leider in einer für uns weitgehend unverständlichen Sprache. Wir nicken dennoch begeistert und bedanken uns artig. Schließlich wissen wir längst, wo wir hinmüssen: Es geht aufwärts im wahrsten Sinn des Wortes. Denn die meisten Ruinen der alten Bergwerksgebäude befinden sich in 2000 bis 3000 Meter Seehöhe.

Stufen ohne Ende: Der Weg von Kolm Saigurn zum Schutzhaus Neubau, das der Ausgangspunkt für Tauerngold-Touren ist.

Von Kolm Saigurn führen sowohl ein Familienwanderweg als auch die etwas steilere, aber mit „nur" rund 2 Stunden Gehzeit schnellere Route über den Barbarawasserfall zum knapp 600 Meter höher gelegenen Naturfreunde-Schutzhaus Neubau. Der Name der Hütte geht auf eine 1420 an dieser Stelle errichtete Unterkunft für Bergmänner zurück, die in den Stollen der Goldberggruppe gearbeitet haben. Damals brauchte man dringend zusätzliche Quartiere für die Knappen, daher die Bezeichnung Neubau. Heute ist das Schutzhaus unter anderem Ausgangspunkt des Tauerngold-Erlebnisweges und des Tauerngold-Rundwanderweges. Beide stehen auf unserer Liste.

Wir entscheiden uns für die Wasserfall-Route. Der Weg gleicht einem

verschlungenen Open-air-Treppenhaus mit tausenden Stufen unterschiedlicher Höhe. Die schwache Muskulatur unserer Schreibtischtäter-Unterschenkel zwingt uns zu mehreren Zwangspausen. Kunstvolle kleine Steinpyramiden, die rastende Vorgänger links und rechts des Steiges errichtet haben, zeugen davon, dass andere Wanderer ähnliche Probleme hatten. Der Fotograf betätigt zum ersten Mal den Blitzableiter: „Alles nur wegen Manfred!" Manfred? „Ja. Der Dings halt." Der Hermann? „Genau. Der Manfred!" Es sollte der Running-Blitzableiter-Gag unseres weiteren Aufenthalts in Rauris werden: Wer Hermann meint, sagt absichtlich einen falschen Vornamen. Strafe muss sein.

Die ehemalige Zimmererhütte im Talschluss von Kolm Saigurn beherbergt heute ein kleines Museum, das an den Goldbergbergbau erinnert.

AUFSTIEG ZUR „WELTMACHT"

Es ist eben nicht jeder so freundlich wie Siegfried Kopp, der Kustos des Rauriser Talmuseums. Er hat uns am Tag zuvor eine aufschlussreiche Führung durch die umfangreiche Sammlung gewährt und die wechselhafte Geschichte des Bergbaus nähergebracht. Wann die Jagd auf das Edelmetall genau begonnen hat, liegt leider im Dunkeln. Wie überall in den Hohen Tauern besteht die Vermutung, dass rund um Rauris bereits die Kelten und die Römer Gold gesucht und gefunden haben. Eindeutige Beweise fehlen jedoch.

Aufgeräumt hat keiner mehr. Bergbauspuren unterhalb der Schutzhütte Neubau.

Blick in einen verbrochenen Stollen auf dem Hohen Goldberg.

Im nahen Seidelwinkeltal wurde 1874 beim Ausgraben eines Wurzelstocks zwar ein goldener Halsreif gefunden. Das keltische Schmuckstück aus dem 4. Jahrhundert v. Chr. ist aber geografisch nicht zuordenbar. Gold aus Rauris oder ein auf der Durchreise verlorenes Schmuckstück aus einem anderen Teil Europas? Man weiß es nicht. Tatsache ist, dass hier bereits in der Antike reger Verkehr geherrscht hat. Durch das Seidelwinkeltal – es verbindet das Raurisertal mit der heutigen Großglockner-Hochalpenstraße – führte ein Römerweg.

Historisch belegbar ist der Bergbau erst ab 1340. Aus diesem Jahr stammt eine Urkunde, in der von einer „Blahütte" (Schmelzhütte) bei Rauris die Rede ist. In Anlagen dieser Art wurde das Erz zur Weiterverarbeitung geschmolzen. Die Luft für die Öfen kam aus Blasebälgen, es wurde also ordentlich „gebläht", wie man auf Mittelhochdeutsch sagte. Zu dieser

Zeit dürfte in Rauris bereits ein regelrechter Goldrausch geherrscht haben. Die Zustände waren – wie im angrenzenden Gasteinertal und auf der Kärntner Seite der Hohen Tauern – zum Teil chaotisch. Neben den „offiziellen" Bergwerken gab es unzählige illegale. Knappen stritten sich um das Erz, sogar von blutigen Überfällen auf Gruben wird berichtet.

Das rief die Salzburger Erzbischöfe und ihre Beamten auf den Plan. Man erließ ab 1342 mehrere strenge Bergwerksordnungen. Diese Gesetze regelten die rechtlichen Rahmenbedingungen für den Abbau von Edelmetallen und vor allem die Abgaben, die dafür zu entrichten waren. Als Landesherren gehörten den Bischöfen theoretisch sämtliche Salzburger Bodenschätze. Praktisch beschränkte sich die hohe Geistlichkeit vorerst jedoch darauf, die Rechte am Bergbau gegen gutes Geld zu verpachten. Heute würde man von einem Pyramidenspiel sprechen: Die Bischöfe bekamen ihr Geld immer von einem finanzstarken Pächter, der die Gruben wiederum kleinen, meist einheimischen Gewerken weiterverpachtete. Sie trugen als letztes Glied in der Kette das gesamte wirtschaftliche Risiko und standen dementsprechend oft beim „großen" Pächter in der Kreide. Als schlimmstes Beispiel dafür gilt die Ära von Konrad Decker aus Judenburg, der den Rauriser Bergbau von 1378 bis 1384 gepachtet hatte. Er war, wie im 14. Jahrhundert üblich, gleichzeitig Wechsler (ihm war von den Bergleuten das gesamte Edelmetall zum Umtausch gegen Bares abzuliefern) sowie Berg- und Landrichter.

Die Säcke wurden mit Erz gefüllt und zu einem Sackzug aneinandergebunden.

Der schwerreiche Decker nutzte die Situation schamlos wie kein Zweiter aus und begann auch noch Zinsen für das vom ihm verliehene Geld zu kassieren, was Christen eigentlich verboten war. Schließlich spitzte sich die Lage derart zu, dass Erzbischof Pilgrim II. eingreifen musste. Er verlangte von Decker die Herausgabe aller Unterlagen und übernahm die Schulden der kleinen Gewerken. Der mächtige Pächter floh – vermutlich schon bevor dieser mittelalterliche „Schuldenschnitt" erfolgte – vor dem Volkszorn aus Rauris und kehrte nie mehr zurück.

Die Bedeutung des Tales war mittlerweile enorm. Seine Bergwerke lieferten angeblich bis zu 10 Prozent des weltweit (ohne die später zu entdeckenden Kontinente) geförderten Goldes. Aufzeichnungen berichten von insgesamt 830 Kilogramm zwischen 1450 und 1570. Rauris war damals die Bezeichnung für die ganze Gegend. Die Ortschaft nannte man Gaisbach, weshalb das Wappen der Gemeinde seit jeher zweigeteilt ist: Oben zeigt es eine Ziege (eine Geiß), unten zwei gekreuzte Berghämmer. Weil immer mehr Knappen und ihre Familien das große Glück suchten, stieg die Einwohnerzahl sprunghaft an. Um 1500 lebten bereits 3000 Menschen im Tal – so viele wie heute. Versorgungsengpässe waren deshalb keine Seltenheit.

KNAPP AM KANNIBALISMUS VORBEI

Der Höhenflug währte nicht lange. Ab Mitte des 16. Jahrhunderts ging die Menge des gewonnenen Goldes dramatisch zurück. Die großen mit den vorhandenen technischen Möglichkeiten erreichbaren Erzlager waren ausgebeutet. Man drang deshalb tiefer in den Berg vor, stieß aber auf Wasser. In einem Stollen nach dem anderen musste die Arbeit eingestellt werden. Es war schlicht und einfach unwirtschaftlich geworden, zuerst das Wasser und dann das Erz von bis zu „24 Buben", wie es in einem Bericht aus diesen Tagen heißt, mit bloßer Muskelkraft Stufe um Stufe hochzuheben.

1616 zog das Salzburger Domkapitel die Notbremse. Man beschloss, den Bergbau in Rauris ab sofort selbst zu betreiben, also zu verstaatlichen. Das Erzbistum verfolgte damit als Landesherr nicht nur wirtschaftliche Ziele. Mit einem Schlag war man die zu dieser Zeit mehrheitlich protestantischen Gewerken los und sorgte als katholische Kirche dafür, dass die arme Bevölkerung Arbeit hatte. 1630 experimentierte man erstmals mit Schießpulver, ab 1644 wurde es regelmäßig verwendet, um weitere Stollen in den Berg zu treiben. Die Handarbeit mit Schlägel und Eisen kam dennoch bis ins 19. Jahrhundert nicht zum Erliegen. Schießpulver war – im Unterschied zum Personal – teuer, außerdem gab es im feuchten Gestein laufend Probleme mit dem Zünden der Sprengladungen.

Auch im Winter wurde in den Gruben im hochalpinen Gelände gearbeitet. Es herrschte extreme Lawinengefahr, die Männer waren oft wochenlang in ihren Knappenhäusern eingeschlossen. Möglicherweise ziemlich realitätsnahe werden die Zustände in der Sage vom Bergschmied geschildert: *„Auf dem Hohen Goldberg droben sind noch manche Ruinen zu sehen. In einer solchen Knappenstube schliefen vier Knappen, die sich am Morgen wunderten, dass es gar nicht mehr Tag wurde. Wie sie die Türe aufmachen, sehen sie, dass das Haus ganz vom Schnee eingemacht ist. Weil vom Hause ein gedeckter Gang, ein Schneekragen, zum Stollen hinführte, gingen sie wieder in den Stollen zu ihrer Arbeit und dachten, der Wind wird mit dem Schnee schon wieder abfahren. Aber der warme Wind blieb aus und es war Tag für Tag gleich, an ein Absteigen ins Tal war nicht zu denken. Als die Essvorräte zu Ende gingen und sich der Hunger einstellte, machten die Knappen heimlich aus, den Bergschmied, der der Leibigste unter ihnen war, zu putzen (Pinzgauer Dialektausdruck für töten) und von seinem Fleisch zu leben. Er roch jedoch den Plan der andern und kroch in den Kamin hinauf. Da wuzelte er sich durch und gelangte durch die Schneemassen endlich ins Freie. Er raufte sich nun hinunter ins Tal und war gerettet. Als die Knappen sahen, dass der Schmied hinausgekommen war, probierten sie den gleichen Weg und entgingen so dem Hungertod. Aus Dankbarkeit für die Rettung stifteten sie die zwei Schneestangen in der Kirche."*

Die 9 Meter langen, bunt bemalten Stangen sind tatsächlich in der Pfarrkirche Rauris zu sehen. An hohen Festtagen werden Kerzen auf sie gesteckt, starke Männer halten diese Riesenleuchter dann während des ganzen Gottesdienstes. Es dürfte sich dabei um ehemalige Prangstangen handeln, wie man sie vor allem aus dem Lungau kennt. Sie werden dort seit Jahrhunderten zu besonderen Anlässen prunkvoll mit bis zu 50 000 frisch gepflückten Blumen geschmückt und in die Kirche getragen. Von den in der Sage erwähnten Schneekrägen kann man sich ebenfalls selbst ein Bild machen. In der Goldberggruppe sind viele erhalten geblieben. Diese teils gemauerten, teils gegrabenen Wege waren mit Holz gedeckt und führten von den Knappenhäusern zu den Stolleneingängen. Die Bergmänner waren durch sie wenigstens halbwegs vor Lawinen und Stürmen geschützt und mussten nicht Schnee schaufeln.

DIE AUFZUGSMASCHINE

„Walter!", stöhnt der Fotograf. Kurz nach unserer Rast im Schutzhaus Neubau haben wir eine riesige Ruine aus der Ära nach der Sage vom Bergschmied – sie wurde um 1800 erstmals niedergeschrieben – erblickt. Walter? Der Fotograf mit dem schlechten Namensgedächtnis meint na-

Die eindrucksvolle Ruine der Aufzugs- maschine in rund 2200 Meter Seehöhe.

Das Wasserrad, mit dem der Aufzug betrieben wurde, hatte einen Durchmesser von 11,4 Metern.

türlich Blitzableiter Hermann unten im Tal, der diesmal als Ausdruck unserer Überraschung herhalten muss. Wir stehen staunend vor der Bergstation der berühmten Aufzugsmaschine. Die beeindruckende Anlage wurde 1833 errichtet. Zu dieser Zeit war Salzburg bereits ein Teil Österreichs und der verstaatlichte Rauriser Bergbau ein k. u. k. Betrieb.

Die Aufzugsmaschine sollte den personalintensiven und gefährlichen Transport des Erzes ins Tal beschleunigen und vereinfachen. Bis dahin hatte man dafür im Winter Sackzüge verwendet. So wurde das Erz in spezielle Säcke gefüllt, die je 50 bis 60 Kilogramm fassten. Bis zu 36 aneinandergekettete Säcke ergaben dann einen Sackzug, auf dem zwei bis drei sogenannte Sackzieher – quasi Lokführer – ins Tal rodelten. Die entsprechenden Wege waren so etwas wie rustikale Bobbahnen. Die Strecken

Eine historische Aufnahme zeigt den abenteuerlichen Verlauf der Standseilbahn.

wurden in der eisfreien Zeit präpariert und bereits im Spätsommer mit Wasser besprüht, um sie nach dem ersten Frost möglichst rasch nutzbar zu machen. Im Sommer erfolgte der Transport mit Saumtieren, die auch die meist dringend benötigten Betriebs- und Bedarfsartikel zu den Knappenhäusern und Stollen schleppten.

Die Inbetriebnahme der Aufzugsmaschine war eine kleine logistische Revolution. Bei der Anlage handelte es sich um eine Standseilbahn, die das Revier Neubau in 2177 Meter Seehöhe mit Kolm Saigurn verband. Um die Übergänge zwischen dem flachen und dem extrem steilen Gelände auszugleichen, verliefen ihre Geleise aus Holz zum Teil auf meterhohen, ebenfalls hölzernen Stützen. Die Strecke war 1,4 Kilometer lang und überwand knapp 600 Höhenmeter. Angetrieben wurde die Rolle, die das Seil der Bahn – je nach Richtung – auf- oder abwickelte, durch ein Wasserrad bei der Bergstation. Sein Durchmesser betrug 11,4 Meter. Von der Dimension der Anlage zeugen heute noch die gewaltigen Ruinen auf dem Hohen Goldberg, schwer zu entdeckende Überreste der Stützen entlang des Aufstiegs zum Schutzhaus Neubau und historische Fotos.

Trotz dieser Großinvestition verabschiedete sich der Staat 1876 vom Rauriser Bergbau. Man verpachtete sämtliche Gruben und Anlagen einem Mann, dessen Werdegang die zuständigen k. u. k. Behörden in den Jahren zuvor genau beobachtet und gefördert hatten: Ignaz Rojacher vulgo „Kolm Naz". Er war das, was man einen alten Hasen nennt. Rojacher hatte bereits im Alter von zwölf Jahren am Goldberg als Truhenläufer gearbeitet. Als solcher musste er die mit Erz gefüllten Truhen (später nannte man sie Hunte) aus den Stollen schieben. Danach lernte der Bursche das Handwerk eines Zimmermanns und kehrte als solcher auf den Goldberg zurück. Er kontrollierte die Holzkonstruktionen, mit denen die Stollen gestützt wurden, und die Aufzugsmaschine.

Wenig später übernahm Rojacher in Kolm Saigurn die Stelle eines Wascherhutmannes. Er überwachte die Aufbereitung vom Pochen (Zerkleinern) der Erze bis zur Amalgamation, dem Lösen der Goldpartikel aus dem dadurch entstehenden „Brei". Der Kolm Naz muss sich dabei, wie Montanhistoriker Fritz Gruber in seiner 2004 veröffentlichten Aufarbeitung der Rauriser Bergbaugeschichte ausführt, sehr geschickt angestellt haben. Die k. u. k. Oberen schickten ihn zuerst auf eine Art Fortbildung und anschließend als Sachverständigen auf die Kärntner Seite der Tauern. Gruber beschreibt Rojacher als „tatkräftig, aber ungeachtet seiner Erfolge immer genügsam".

NERVENKITZEL FÜR TOURISTEN

Pächter des Rauriser Bergbaues war der Kolm Naz nur vier Jahre lang – dann kaufte er den ganzen Laden um 4500 Gulden (umgerechnet etwa 300 000 Euro) und wurde zum Besitzer. Nun gehörten ihm die Gruben auf dem Goldberg, die Anlagen zur Weiterverarbeitung im Tal und natürlich die Aufzugsmaschine. Sie war ein permanentes Sorgenkind. Dem geringen Transportvolumen standen hohe Instandhaltungskosten gegenüber. Rojacher versuchte deshalb, die Standseilbahn, die bis dahin nur rund 800 Kilogramm Erz pro Wagen und fallweise Bergmänner transportiert hatte, touristisch zu nutzen. Eine visionäre Idee, wie wir mittlerweile wissen.

Die Fahrt mit der Aufzugsmaschine war ein Abenteuer, wie ein 1876 veröffentlichter Bericht des Alpinschriftstellers Anton von Ruthner belegt: *„Die Neigung der Bahn beträgt durchschnittlich 28 Grad, steigt aber bis zu 55 Grad, sobald sie an den Felswänden hinabgeht, und es verlangt begreiflicherweise Schwindelfreiheit, wenn man auf der von den Felsen abstehenden Bahn plötzlich nahezu aufrecht stehend in einer Art Luftfahrt in die Tiefe hinabgleitet. Der Maschinenmeister kennt allerdings seine Bahn und ein Blick auf das Seil am Rande belehrt ihn, an welcher der Wagen gerade dahinfährt, und weiß er ihn an einer Felswand angelangt, so bremst er das Rad. Es kommt jedoch auch vor, dass in Folge eines kleines Irrtums von einigen Klaftern die Bremsung erst dann erfolgt, nachdem man das Ärgste, den Übergang vom festen Boden auf den obersten Teil einer riesigen Wand, noch in sausendem Galopp zurücklegte.“*

Von Ruthner endet mit der vermutlich nicht übertriebenen Schlussfolgerung: „Um dies ohne Angst durchzumachen, muss man wahrlich starke Nerven haben. Die Fahrt ist jedoch höchst dankbar, weil man in zirka 15 Minuten die Höhe von 580 Metern überwindet." Manchmal endete der Nervenkitzel im Graben, es kam regelmäßig zu Entgleisungen und Abstürzen. Ein schwerer Unfall mit Personenschaden ereignete sich in den ganzen 63 Jahren, in denen die Aufzugsmaschine in Betrieb war, gottlob nie.

Rojacher setzte weiter auf technische Neuerungen. So verband er die Bergstation der Standseilbahn mit dem höher gelegenen oberen Knappenhaus und den angrenzenden Stollen durch einen Bremsberg. Der etwas irreführende Name stand für einen Aufzug, bei dem an beiden Enden des Seils je ein Wagen hing. Der obere wurde mit Erz gefüllt. Er rollte durch die Schwerkraft auf den steilen Geleisen nach unten und drückte gleichzeitig den unteren, meist mit

Ignaz Rojacher, genannt Kolm Naz.

Die Trasse des Bremsbergs ist beinahe vollständig erhalten geblieben.

Wasser oder Waren für die Bergleute beladenen Wagen nach oben. Immerhin 170 Höhenmeter konnten so ohne den Einsatz von Muskelkraft überwunden werden. Der 570 Meter lange Steindamm, den Rojacher als Trasse für den Bremsberg errichten ließ, war ein Werk für die Ewigkeit. Er ist beinahe vollständig erhalten geblieben. Vom Bremserhäusel, der Bergstation dieses Aufzugs, führte eine 485 Meter lange, fast ebene Schleppbahn zum oberen Knappenhaus. Auf ihrer ebenfalls noch bestehenden Trasse kann man bequem zu den beeindruckenden Ruinen des Gebäudekomplexes wandern, der auf 2340 Meter Höhe so etwas wie das Hauptquartier des Goldbergbaus war.

WEGBEREITER DER SONNBLICK-WETTERWARTE

Hier befand sich seit 1884 auch eine Wetterstation zur Aufzeichnung von Temperaturen und Niederschlagsmengen. Rojacher interessierte sich sehr für die Meteorologie, die damals eine recht junge Wissenschaft war. Für die Forscher wurde der Kolm Naz zu einem wichtigen und in einem Fall sogar zum allerwichtigsten Mitstreiter. Nur durch seine Unterstützung war es 1886 möglich, die international bestaunte Wetterwarte auf dem 3106 Meter hohen Sonnblick zu errichten. Sie ist bis heute das höchst gelegene ganzjährig besetzte Gipfel-Observatorium der Welt. Das Baumaterial gelangte mit den Aufzügen und der Bahn des Bergbaubetriebs bis zum oberen Knappenhaus. Von dort aus schleppte man es unter abenteuerlichen Bedingungen mehr als 4 Stunden lang auf den Sonnblick. Elf Männer wurden von Rojacher für die Arbeiten auf dem Gipfel vorübergehend aus dem Bergbau abgezogen. Der Technikbegeisterte ließ sogar eine Telefonverbindung von Rauris nach Kolm Saigurn und weiter bis zum Observatorium legen. Einer der Original-Apparate aus diesen Tagen ist im Talmuseum Rauris ausgestellt.

Aus Paris hatte Rojacher schon 1882 einen der ersten Stromgeneratoren Europas nach Rauris geschmuggelt. Er verwendete das mit Wasserkraft betriebene Gerät, um elektrisches Licht für seinen Gasthof in Kolm Saigurn zu erzeugen. Das Geschäft im Wirtshaus, das er in einem Teil der bisherigen Erzaufbereitungsanlage eingerichtet hatte, florierte. Langfristig reichten die Gewinne aber nicht, um die Verluste auszugleichen, in die er durch die Suche nach Gold zunehmend schlitterte. 1888 verkaufte Rojacher den gesamten Bergbaubetrieb an einen belgischen Grafen, der diesen nach kurzer Zeit stilllegte. Der Kolm Naz war zu diesem Zeitpunkt bereits schwer krank, er starb 1891 im Alter von nur 47 Jahren. Sein Grab befindet sich auf dem Friedhof von Rauris und ist leicht zu finden: Das teilvergoldete Kreuz strahlt wie der Pioniergeist des Mannes, an den es erinnert. „Er war ein großer Mann", steht neben seinem Namen im Sterbebuch der Pfarre.

Man nennt Rojacher den letzten Knappen vom Goldberg. Bergbau im großen Stil wurde nach seinem Tod tatsächlich keiner mehr betrieben. Ständig wechselnde Besitzer – zuerst hatten Franzosen, dann Engländer, später erneut Franzosen und nach ihnen wieder Engländer das Sagen – sowie unterschiedliche Vorstellungen von der Zukunft des Betriebs bürgten für Erfolglosigkeit. Die einst stolzen Anlagen waren dem Verfall preisgegeben oder wurden aus nicht nachvollziehbaren Gründen von den Eigentümern zum Teil sogar zerstört.

Die Errichtung der Wetterwarte auf dem Sonnblick geht auf Ignaz Rojacher zurück.

Das erste Telefon, mit dem Rauris und die Sonnblick-Wetterwarte verbunden waren, ist heute im Talmuseum Rauris zu sehen.

Der Bergbau stagnierte, der Tourismus florierte.

Das Grab von Ignaz Rojacher in Rauris.

Einen Versuch, an die goldenen Zeiten anzuknüpfen, unternahm die verstaatlichte PreussAG nach dem „Anschluss" Österreichs an Nazi-Deutschland. Man setzte 1939 die von einer englischen Firma begonnenen Arbeiten an einem tollkühnen Projekt fort: Geplant war ein Stollen, der – ausgehend von Kolm Saigurn – die Erzgänge im Berg von unten erschließen sollte. Man kam aber über die Errichtung eines unterirdischen Sprengmittelmagazins kaum hinaus. Der Stollen selbst erreichte nur eine Länge von 38 Metern, dann brach die PreussAG das Unterfangen 1940 ab. Die Straßenverhältnisse waren zu schlecht und die Probleme bei der Materialanlieferung deshalb zu groß.

Zu den historischen Fakten passen zwei Löcher, über die wir in Kolm Saigurn mehr oder weniger zufällig gestolpert sind. Sie befinden sich in unmittelbarer Nähe der Zimmererhütte, die eine kleine, aber feine Ausstellung über die Geschichte des Goldbergbaus rund um Rauris beherbergt. Wirt Hermann hat uns bei einem weiteren Besuch im Talschluss auf die Idee gebracht, hinter dem Haus nachzusehen. Ich glaube, sein Hinweis bestand aus den Worten: „Do is nix." Das bescherte ihm, während wir uns durch das urwaldähnliche Gelände zu den Stolleneingängen vorkämpften, weitere falschen Vornamen. Der Fotograf nannte ihn bei dieser Gelegenheit lautstark „Karl". Den Rest des Satzes habe ich vergessen, weil er nicht in ein Sachbuch passt.

Das in den Fels gesprengte Pulverlager dient nun offenbar als eine Art Abenteuerspielplatz für Schüler- und Jugendgruppen. Die Markierungen an den Felsenwänden, die nur im UV-Licht unserer Spezialtaschenlampe erkennbar sind, dürften von lustigen Schnitzeljagden stammen. Im Eingangsbereich liegt eine Flasche Obstler, die den Fotografen zu einer weiteren Betätigung des Blitzableiters inspiriert: „Wer Joe kennt, muss ja saufen!" Ein zweiter Stollen mit der Aufschrift „Goldmine Kolm Saigurn" ist versperrt. Es handelt sich wohl um die ersten und gleichzeitig letzten Meter des nach nur einem Jahr wieder eingestellten PreussAG-Projekts.

Vergleichsweise gemütlich kann man zum Imhof-Stollen auf der gegenüberliegenden Talseite spazieren. Er befindet sich südöstlich der Gasthöfe und ist das jüngste Bergbau-Denkmal in dieser Gegend. Die knapp 5 Kilometer lange unterirdische Strecke verbindet Kolm Saigurn mit dem angrenzenden Gasteinertal. Der Stollen wurde von der PreussAG im Zweiten Weltkrieg fertiggestellt und ist nach seinem Initiator Karl Imhof benannt, der sich in der ersten Hälfte des 20. Jahrhunderts tatkräftig um die Reaktivierung des Bergbaus bemühte.

Nach 1945 gab es mehrere Anläufe, die Verbindung touristische Nutzung zu nutzen. Von 1947 bis 1951 transportierte man Urlauber mit ei-

nem elektrisch betriebenen Zug durch den Stollen vom Naßfeld nach Kolm Saigurn und umgekehrt. Weil das Geld für die Umsetzung neuer Sicherheitsauflagen fehlte, musste der Betrieb eingestellt werden. Ab 1988 baute die Gasteiner Erzbergbau Radhausberg GmbH. die Strecke zu einem Schaubergwerk aus, das schon 1993 aus Kostengründen wieder geschlossen wurde. Aus dieser Zeit stammt das gemauerte und heute mit einem Gitter verschlossene Stollenportal in Kolm Saigurn.

DAS GOLD BLEIBT IM BERG

Rauris ist – zumindest theoretisch – reich. Im Berg schlummert noch jede Menge Edelmetall. Geologen sprechen von 120 bis 200 Tonnen Gold! Die Vorkommen liegen allerdings in einer Seehöhe von 2300 bis 3000 Meter und in einem Gebiet, das mittlerweile zur Kernzone des

Nationalparks Hohe Tauern gehört. Aus Umweltschutzgründen hat die Gemeinde auch den bislang letzten Plänen zur Hebung dieses Schatzes eine klare Absage erteilt. 1984 wollte ein US-Unternehmen mehr als 70 Millionen Euro investieren und in einem Zeitraum von 20 Jahren 100 Tonnen Gold fördern. Dafür wäre täglich (!) der Abbau von 200 bis 800 Tonnen Gestein notwendig gewesen. Die Weiterverarbeitung des Erzes sollte unter Verwendung von hochgiftigen Chemikalien wie Natriumzyanid erfolgen.

Der wahre Schatz des Raurisertals ist der Erlebnisraum, zu dem hier Natur und Geschichte verschmelzen. Wer sich dafür interessiert, wird immer neue Spuren entdecken, die an den Kolm Naz und seine Vorgänger erinnern. Sei es bei einem Spaziergang durch den Ortskern mit den historischen Gebäuden der einst reichen Bergwerkspächter, bei einem Besuch der zwei Museen oder bei einer Wanderung in der Goldberggruppe, die an alten Stollen und Ruinen vorbeiführt. Darüber hinaus besteht sogar die Chance, selbst und natürlich umweltschonend an ein wenig Edelmetall zu kommen: beim Goldwaschen.

Im Mittelalter gab es entlang der Bäche und der Rauriser Ache unzählige Waschwerke. So bezeichnete man Anlagen, die zur gewerblichen Gewinnung des sogenannten Seifengoldes errichtet wurden. Wie viel diese Betriebe abgeworfen haben, ist nicht überliefert. In den Gewässern dürfte aber nach wie vor einiges zu finden sein. Das rege Treiben beschränkt

Der Imhof-Stollen wurde eine Zeit lang noch als Schaubergwerk genutzt.

sich deshalb nicht nur auf den offiziellen Rauriser Goldwaschplatz an der Hüttwinklache. Auch in Kolm Saigurn stehen Glücksritter im Bach. Sie sind vom Scheitel bis zur Sohle hochprofessionell ausgerüstet, aber leider ähnlich auskunftsfreudig wie „unser" Hermann mit den vielen Vornamen. Auf die Frage, wie sie denn vorankämen, antwortet man uns kurz und knapp: „Wir probieren nur."

Geradezu herzlich fällt hingegen unser Treffen mit Nik Granegger aus. Er ist Wirt der Heimalm-Hütte, die dankenswerterweise gleich neben der Mittelstation der Rauriser Hochalmbahn liegt, und Goldwäscher. Für seine Gäste hat er direkt am Heimalmbach einen kleinen Goldwaschplatz eingerichtet. Wir bitten ihn um Actionfotos und werden reich belohnt. Nik schenkt uns danach die Goldflitter, die er quasi im Handumdrehen aus nur einer Pfanne mit Sand geholt hat. Alles nur Show? „Nein", schwört der Wirt. „Nach dreitausend Schüsseln könnt ihr das genauso gut und schnell." Das baut auf.

Granegger erzählt uns, dass Rauris regelmäßig Austragungsort von österreichischen und internationalen Meisterschaften im Goldwaschen ist. Um die Ergebnisse vergleichen zu können, müssen in die Sandportionen, die jeder Teilnehmer dabei zum Waschen bekommt, immer exakt gleich viele Goldflitter gemischt werden. Sie sollen jeweils zirka 2 Millimeter „groß" sein. Das ist nicht das Problem, sondern der dafür benötigte garantiert edelmetallfreie Sand. „Den holen wir aus dem Baumarkt", jammert der Wirt. „Das Material aus unseren Bächen ist unbrauchbar. Es enthält zu viel Gold."

Das ist schlimm und wir haben keine Ahnung, wie wir den Armen trösten sollen. Ich entscheide mich schließlich für sprachliches Mitgefühl und sage: „Furchtbar." Der Fotograf behauptet, ich hätte dabei breit gegrinst.

Das Vogelmaier-Haus wurde in der Glanzzeit des Goldbergbaus errichtet und beherbergt heute das Gemeindeamt Rauris.

Das Geld des Goldgräbers Ignaz Rojacher ist eines von vielen Ausstellungsstücken im Talmuseum Rauris.

INFO & KONTAKT

SCHUTZHAUS NEUBAU
www.schutzhaus-neubau.at

Das Naturfreunde-Schutzhaus Neubau liegt auf 2175 Meter Seehöhe mitten im alten Bergbaugebiet. Es ist Ausgangspunkt des Tauerngold-Erlebnisweges und des Tauerngold-Rundwanderweges.
Erreichbar ist das Schutzhaus nur zu Fuß. Für Autos ist am Parkplatz Lenzanger vor Kolm Saigurn Endstation. Von dort folgt man entweder dem Fahrweg bis zum Ammererhof, wo der Familienwanderweg (Nr. 119) zum Schutzhaus beginnt. Direkt zum Familienwanderweg gelangt man aber auch über den Almweg durch den Rauriser Urwald (Nr. 31), der direkt

am Lenzanger-Parkplatz beginnt. Die Gehzeit beträgt insgesamt jeweils mindestens 2,5 Stunden. Anspruchsvoller ist der ungefähr 2 Stunden dauernde Weg über den Barbarawasserfall (Nr. 22). Er beginnt hinter dem Naturfreundehaus Kolm Saigurn, das man vom Lenzanger-Parkplatz zu Fuß über den Fahrweg erreicht.

Für die vom Schutzhaus aus gut beschilderten Tauerngold-Touren sind jeweils noch einmal bis zu 3,5 Stunden Gehzeit zu veranschlagen. Sie führen durch hochalpines Gelände. Familientauglich sind die Wege wegen der Schneefelder, die erst spät im Frühling schmelzen, nur im Hochsommer. Im Spätsommer kann es in höher gelegenen Bereichen der Route in den Morgenstunden sowie am späten Nachmittag schon wieder zu Vereisungen kommen.

Mittendrin statt nur dabei ist dieser Hobby-Goldwäscher in der Rauriser Ache.

Nik Granegger (rechts) zeigt Autor Georg Lux das Goldwaschen.

TALMUSEUM RAURIS
Marktstraße 59
5561 Rauris

Hier ist sogar das Gebäude ein „Austellungsstück" – das Museum befindet sich in einem Gewerkenhaus aus dem Mittelalter. Es informiert über den Goldbergbau ebenso wie über das Leben und Wirken von Ignaz Rojacher und das Observatorium auf dem Sonnblickgipfel. Geöffnet ist das Museum im Juli und August täglich außer Donnerstag und Sonntag von 10 bis 12 sowie von 15 bis 18 Uhr. Von 28. Dezember bis Ostern, im Monat Juni sowie von 1. September bis 26. Oktober kann es Montag, Mittwoch und Freitag jeweils von 15 bis 18 Uhr besichtigt werden.

Ausbeute einer einzigen Schüssel, „gewaschen" von Nik Granegger.

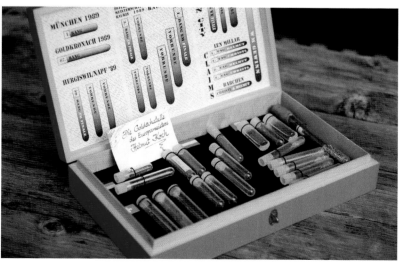

Schatzkiste eines Sport-Goldwäschers. Rauris ist regelmäßig Austragungsort internationaler Wettbewerbe.

MUSEUM IN DER ZIMMERERHÜTTE
Kolmstraße 22
5561 Rauris

Das Museum mit Fundstücken aus dem Bergbau in Kolm Saigurn, in dem sich auch eine Informationsstelle des Nationalparks befindet, ist von Mitte Juni bis Anfang Oktober von 10 bis 16 Uhr (Sonntag bis Freitag) beziehungsweise von 12 bis 16 Uhr (Samstag) geöffnet. Eintritt frei.

GOLDWASCHPLATZ BODENHAUS
Kolmstraße 6
5661 Rauris
www.goldsuchen.at

Vom Parkplatz beim Alpengasthof Bodenhaus entfernt, der unmittelbar vor der Mautstation an der Straße von Rauris nach Kolm Saigurn liegt, sind es nur zwei Gehminuten bis zur Anlage an der Hüttwinklache. „Bewirtschaftet" ist der Goldwaschplatz von Ende Mai bis Mitte September täglich von 9.30 bis 16 Uhr. Im September können die Öffnungszeiten wetterbedingt variieren.

GOLDWASCHPLATZ HEIMALM
Gstatterweg 35
5661 Rauris
www.hochalm-rauris.at/heimalm

Der Goldwaschplatz gehört zur Heimalm-Hütte und befindet sich unmittelbar neben der Mittelstation der Hochalmbahn Rauris. Die Öffnungszeiten im Sommer und Herbst (grundsätzlich Juni bis Oktober) decken sich mit den Betriebszeiten der Bahn, über die man sich am besten vorab auf www.hochalmbahnen.at informiert.

GOLD IST GELD. JETZT, VOR UND IN 1.000 JAHREN.

MÜNZE ÖSTERREICH

GOLD, EIN ELEMENT MIT ANZIEHUNGSKRAFT. Seit Menschengedenken ist Gold ein zuverlässiges Mittel, um sich sicherer und unabhängiger zu fühlen. Warum? Weil Gold nie wertlos werden kann. Weil Gold seit 5.000 Jahren seine Kaufkraft behalten hat. Gold erlangte in jeder Hochkultur einen hohen Stellenwert, da es als inflationsresistent und beständig gilt. Es behält auch in Krisenzeiten seine Kaufkraft, und Gold verringert das Gesamtrisiko eines Portfolios. So wie die „Wiener Philharmoniker" der Münze Österreich AG. Die Geschichte des Goldes nachlesen unter www.muenzeoesterreich.at und www.youtube.com/user/muenzeoesterreich.
MÜNZE ÖSTERREICH – ANLEGEN. SAMMELN. SCHENKEN.

FILMREIF

Gasteinertal (Salzburg)

Rien ne va plus. Nichts geht mehr in Bad Gastein. Im September 2015 sind die Casinos Austria aus dem ehemaligen „Grand Hotel de l'Europe" ausgezogen. Die Spieltische stehen jetzt in Zell am See, wo mehr los ist. Weniger als in Bad Gastein geht ja nicht. Der einstige Kurort von Kaisern und Königen hat den Charme einer Geisterstadt. Die meisten ehemaligen Nobelherbergen sind geschlossen und/oder zu verkaufen. „Schön", seufzt der Fotograf. Er liebt Ruinen und freut sich über den ungeplanten Stopp auf unserer Spurensuche im Gasteinertal. Mit dem Goldbergbau hier in der Gegend hat die vergessene Welt historisch nichts zu tun, man teilt aber ein gemeinsames Schicksal: das bittere Ende.

Das Ende ist an diesem Tag tatsächlich unser Ziel, genauer gesagt: das Ende des Gasteinertals im Salzburger Pongau. Bei Böckstein – der Ortsteil liegt keine zehn Autominuten vom morbiden Bad Gasteiner Zentrum entfernt – gabelt es sich in das Naßfeld- und das Anlauftal. Beide enden an den Wänden der Hohen Tauern. Nach Süden geht's nur durch den Bahntunnel weiter. Er steht auch Autos und Motorrädern offen, wenn sich die Fahrzeuge vorher huckepack nehmen lassen. Die ÖBB bewerben die stündliche Verbindung ins Kärntner Mölltal als „staufreie Alternative zur Tauernautobahn".

AUFSTIEG UND FALL DER ERSTEN MILLIONÄRE

Wir bleiben vorerst lieber oberirdisch und wenden uns dem 2613 Meter hohen Radhausberg südwestlich von Böckstein zu. Er war das Zentrum des Goldbergbaus im Gasteinertal. Historisch nachweisbar ist die Suche nach Edelmetallen ab 1342, als Erzbischof Heinrich von Pirnbrunn eine erste eigene Bergordnung mit gesetzlichen Regelungen für den Abbau im Bereich des Radhausberges erließ. Die jährliche Ausbeute der Gruben lag damals bei einigen Kilogramm Gold und dem etwa Drei- bis Vierfachen an Silber.

Die Fürsterzbischöfe als Landesherren hatten die Minen an Großunternehmer verpachtet. Im 15. Jahrhundert waren sogar die Fugger mit von der Partie, die Betreiber der bedeutendsten Firma ihrer Zeit. Im Gasteinertal beschränkte sich der europaweit einflussreiche Clan zunächst auf den Handel. Die Fugger belieferten Hütten mit dem für die Schmelzvor-

Das historische Bad Gastein gleicht mittlerweile einer Geisterstadt.

Einschlägige Sicherheitshinweise pflastern den Weg auf den Radhausberg.

Die Ruinen der bis ins 19. Jahrhundert genutzten Bergbau-anlagen auf dem Radhausberg.

gänge unerlässlichen Blei, andererseits kauften sie das gewonnene Edelmetall auf. Durch kleinere Deals kamen sie nach und nach in den Besitz von Grubenanteilen. Nach einem Rechtsstreit mit ihrem Verwalter vor Ort und atmosphärischen Störungen mit den Fürsterzbischöfen gab die Familie aber schon 1511 alle ihre Geschäfte im Gasteinertal wieder auf. Mit 830 Kilogramm Gold und 2723 Kilo Silber erreichte der Bergbau 1557 seinen absoluten Produktionshöhepunkt. Kontrolliert wurde er mittlerweile von einheimischen Gewerken wie den schillernden Vertretern der Familie Weitmoser, um die sich gleich mehrere Sagen ranken. Demnach hatte der Gründer der Dynastie, Hans Weitmoser, noch arge finanzielle Probleme. Weil sein Erasmusstollen auf dem Radhausberg nichts abwarf, war er um 1500 so schwer verschuldet, dass seine Frau ihren Brautschleier versetzen musste, um zu Ostern ein Stück Fleisch kaufen zu können. Sein 1506 geborener Sohn Christoph hatte später mehr Glück. In einem Stollen, den er „Zu unserer Frau" nannte, gewann er so viel Erz, dass er zu einem reichen und weit über das Gasteinertal hinaus mächtigen Mann wurde. Zwischen 1554 und 1560 soll er mit Gold und Silber aus seinen Gruben – nach Abzug aller Kosten – umgerechnet 2,5 Millionen Euro Reingewinn (!) gemacht haben.

Die nächsten Generationen konnten an den Erfolg nicht anknüpfen. Über den um 1600 einsetzenden wirtschaftlichen Niedergang erzählt eine Sage: *„Eine Weitmoserin, die durch die Gasteiner Klamm ritt, wies eine Bettlerin ab. Diese, erzürnt über das hochmütige Benehmen der stolzen Frau, verfluchte sie und kündigte ihr an, dass auch sie einst den Bettelstab ergreifen werde. Erbost nahm die Weitmoserin ihren Ring vom Finger, warf ihn in die schäumende Ache und rief: ‚Eher findet man diesen Ring wieder, bevor eine Weitmoserin betteln geht!' Nach kurzer Zeit fand man den Ring im Magen eines Fisches, der auf der Tafel im Weitmoser-Schlössl serviert wurde. Die Weitmoserin war entsetzt und erbleichte. Das Schicksal der Familie aber war nicht mehr aufzuhalten. Der Bergsegen schwand und das einst so reiche und mächtige Geschlecht verarmte."*

Die Familie residierte damals tatsächlich im malerischen Weitmoser-Schlössl in Bad Hofgastein. Es hat längst andere Besitzer und beherbergt jetzt einen Gastronomiebetrieb. Auf der Durchreise ist das Anwesen nicht zu übersehen, da es in unmittelbarer Nähe der Gasteiner

Über die Planstadt wachte die Kirche „Maria vom guten Rat".

Bundesstraße liegt. Ein Bild vom reichsten Vertreter des Clans kann man sich in der Grabkappelle der Familie machen. Sie befindet sich, rechts vom Turm, an der Südseite der Kirche „Zu unserer lieben Frau" in Bad Hofgastein. Das Marmorrelief links in der Kapelle zeigt Christoph Weitmoser in Lebensgröße. Der Stein stammt von seinem ursprünglichen Grab, das Diebe auf der Suche nach Gold und Silber aufgebrochen haben. Die Darstellungen in der Mitte sind Szenen aus dem Bergbau, auf der Inschrift wird Weitmosers Wirken in lateinischer Sprache ausführlich gewürdigt. „Schätze gewährte ihm Gold ohne Zahl und der Tugenden Reichtum zierte ihn", heißt es da unter anderem.

VON DER PLANLOSIGKEIT ZUR PLANSTADT

Seine Nachkommen und alle anderen Gewerken konnten davon nur träumen. Zu Beginn des 17. Jahrhunderts kollabierte der Bergbau im Gasteinertal. Schon 1615 war die jährliche (!) Produktion auf 3 Kilogramm Gold und 6 Kiloramm Silber geschrumpft. Über die Ursachen wird bis heute spekuliert: Hatten die vorrückenden Gletscher den Abbau in höher gelegenen Regionen unmöglich gemacht? Oder war das Geschäft einfach unrentabel geworden, weil immer mehr Raubgold aus Amerika den Markt überschwemmte? Montanhistoriker Fritz Gruber hält beide Erklärungsversuche für übermotiviert. Er sagt: „Der Hauptgrund lag einfach in der Erschöpfung der Erzlager und darin, dass man erst mitten in der Krise – also viel zu spät – versuchte, durch halbherzig eingeleitete Hoffnungsbauten noch etwas zu retten."
Da sich keine Pächter mehr fanden, musste das Fürsterzbistum Salzburg die Gruben nach und nach selbst betreiben. Um den Aufwand und die Kosten zu senken, plante man, die bis dahin auf mehrere Ortschaften verteilte Produktionskette zu erneuern und vor allem zu zentralisieren. Wie es bei verstaatlichten Betrieben offenbar immer schon üblich war, nahm allerdings allein das Nachdenken darüber mehrere Jahrzehnte in Anspruch. Am 14. Jänner 1741 stellte eine Naturkatastrophe die behäbig agierenden Beamten vor vollendete Tatsache. Eine Lawine zerstörte das bisherige Poch- und Waschwerk in der sogenannten Alten Pöck im unteren Naßfeldtal, elf Bergleute kamen ums Leben. Nun musste man rasch handeln.
In den folgenden Jahren entstand im lawinensicheren Altböckstein eine von Experten auf dem Reißbrett entworfene funktionale Montansiedlung. Wohnhäuser und Werksgebäude wurden um eine Zentralachse angeordnet, wobei die Anordnung der Betriebsstätten dem Produktionsablauf folgte. Über allem wachte – als deutliches Zeichen der geistlichen Macht – die ebenfalls neu errichtete barocke Knappenkirche „Maria

Der Verein „Montandenkmal Altböckstein" hat für sein Museum Fundstücke aus den Stollen und Ruinen der Region zusammengetragen.

vom guten Rat". Die einheitlich gestaltete Anlage gilt heute als seltenes Industriedenkmal. In ganz Mitteleuropa sind kaum noch Siedlungen erhalten, die zu dieser Zeit nach dem Vorbild von Planstädten auf die berühmte grüne Wiese gestellt worden sind.

Mittlerweile stehen die Gebäude unter Denkmalschutz, was vor allem dem Engagement von Montanisten und Historikern aus ganz Österreich sowie den Mitgliedern des Vereins „Montandenkmal Altböckstein" zu verdanken ist. Gemeinsam haben sie 1976 einen Abbruch des Dorfes verhindert. Die Häuser werden vom Verein jetzt zum Teil als Montanmuseum genutzt. Es ist, wie der Fotograf und ich bei unserem Besuch begeistert feststellen, österreichweit einzigartig. Vor allem die Aufbereitung des Golderzes, also das komplizierte Lösen der winzigen Edelmetallpartikel aus dem Gestein, wird nicht nur beschrieben, sondern auch gleich live vorgeführt.

GERÜTTELT UND GERÜHRT

Im ehemaligen Säumerstall der Siedlung staunen wir über den Nachbau einer Aufbereitungsstraße, wie sie in Altböckstein zum Einsatz gekommen ist. Vereinsmitglieder haben sie nach Originalplänen im Maßstab 2:3 gezimmert – in ihren ursprünglichen Ausmaßen hätte die Maschine

Michael Hemm führt Besucher durch die Montansiedlung.

nicht in den Raum gepasst. Sie knüpft an die Technik an, die auf dem Radhausberg wahrscheinlich schon lange vor der ersten urkundlichen Erwähnung des Bergbaus praktiziert wurde: an das Pochen (das grobe Zerkleinern) und Mahlen des danach nussgroßen Erzes zwischen Mühlsteinen mithilfe von Wasserkraft. Weil dafür ein Wasserrad notwendig war, nannte man das dazugehörige Gebäude Radhaus, womit spätestens an dieser Stelle klar ist, woher der Berg seinen Namen hat.

Im fürsterzbischöflichen Großbetrieb in Altböckstein wurde ab Mitte des 18. Jahrhunderts ähnlich, aber natürlich viel genauer gearbeitet. Michael Hemm vom Montandenkmal-Verein, der den Fotografen und mich durch das Museum führt, erklärt uns

Nachbau einer Aufbereitungsstraße.

Die Original-Maschine zur Erzaufbereitung mittels Flotation aus dem Zweiten Weltkrieg ist noch immer in Betrieb, mittlerweile allerdings nur mehr zu Demonstrations-zwecken.

den Ablauf, bevor er die Aufbereitungsstraße in Gang setzt: In zwei Pocher-Anlagen waren insgesamt 90 Stempel im Einsatz. Die durch ein ausgeklügeltes Zusammenspiel von Wasser- und Schwerkraft betriebenen Riesenhämmer zertrümmerten das Gestein auf Sandkorngröße, bis es durch ein besonders feinkörniges Sieb, das Senngitter, passte. Aus den Brocken aus den Stollen auf dem Radhausberg war nun ein feiner Schlamm geworden: der sogenannte Schlich.

Das Gemisch passierte danach mehrere Behälter verschiedener Größe. Sie waren darauf ausgerichtet, dass sich schwerere Partikel am Boden sammeln konnten und leichtere taube Teilchen vom Wasser weitergetragen wurden. Bei diesem Arbeitsschritt machte man sich die Tatsache zunutze, dass Gold über eine extrem hohe Dichte verfügt. Deshalb setzen sich Partikel des Edelmetalls im Wasser schneller auf dem Boden ab als

Sandkörner aus wertlosem Gestein. Nach diesem Prinzip funktionierten auch die Stoß- beziehungsweise Rüttelherde, auf die der Schlich im Anschluss aufgetragen wurde. Dabei handelte es sich um große Holzkisten, die, angetrieben durch eine Wasserkraftmechanik, eine permanente Rüttelbewegung ausführten. Die Stöße sorgten für eine weitere Trennung des wertlosen vom vielversprechenden Schlamm. Die dichteren und demnach potenziell wertvollen Partikel blieben in Querlatten hängen, die in ganz bestimmten Abständen und Kombinationen auf dem Boden der Kisten angebracht waren.

Die Waschvorgänge wurden mehrmals wiederholt, sie dauerten zum Teil eine Woche oder sogar länger. Dann landete der Schlich in der Goldmühle, einer – wenig überraschend – ebenfalls durch Wasserkraft „geschupften" Rührmaschine. In ihr vermischte man den Sand mit Quecksilber, das eine für diesen seit der Antike bekannten Prozess hervorragende Eigenschaft hat: es bindet Gold und Silber. Am Ende des Rührens waren das wertlose Gesteinsmehl und die Edelmetalle deshalb endgültig getrennt. Nun musste noch das Gold aus dem Amalgam (der Legierung, die es inzwischen mit dem Quecksilber gebildet hatte) gelöst werden. Die Mixtur wurde deshalb in Ledersäcke gefüllt, die man in Schraubstöcke spannte, um das flüssige Quecksilber herauszupressen. Das beim Gold im Sack verbliebene Amalgam wurde erhitzt, wodurch das Quecksilber verdampfte und das reine Edelmetall übrig blieb. Dieser Vorgang, den man Abglühen nannte, war für die Arbeiter der gefährlichste. Sie konnten sich dabei kaum vor den hochgiftigen Dämpfen schützen.

DIE ERSTEN SPEDITEURE

Die nachgebaute Aufbereitungsstraße im Montanmuseum Altböckstein zeigt den gesamten Prozess – ohne Quecksilber und Dämpfe natürlich. Als unser Guide die Maschinen in Gang setzt, verstehen wir, warum seine einleitenden Worte so ausführlich ausgefallen sind. Nun würde jeder Erklärungsversuch im rhythmischen Stampfen, Rütteln und Rühren untergehen. Ruhiger geht es im zweiten Gebäude zu, das der Verein in der historischen Siedlung nutzt. Ausstellungsstücke wie Werkzeuge und Lampen, die man in den alten Stollen auf den umliegenden Bergen gefunden hat, führen Besuchern die harte Arbeit der Bergmänner von einst vor Augen.

Die Namen der Gebäude – die Aufbereitungsstraße befindet sich im Säumerstall, die Ausstellung im Salzstadel – stehen für ihre tatsächliche frühere Funktion. Sie weisen auf einen weiteren Wirtschaftszweig hin, für den die Salzburger Fürsterzbischöfe die Montansiedlung nutzten: für den Salzhandel, der ein lukratives landesfürstliches Monopol war. Mit dem im Stadel gelagerten Salz wurden die Bauern und Knappen aus der Umgebung versorgt. Ein Großteil war allerdings für den Weitertransport durch Säumer über die Hohen Tauern in den Süden bestimmt. Die Samer, wie man die alpinen Spediteure in Österreich nannte, beförderten ihre Waren mit geländegängiger Hilfe um die 1 PS: Sie setzten dafür die Pferde, Esel und Ochsen ein, die im Säumerstall untergebracht waren. Die Zentralisierung der Aufbereitung brachte den staatlichen Bergbau

Ruine der Aufzugsmaschine auf dem Radhausberg.

Der imposante gusseiserne Brunnen wurde 1878 von Kaiser Franz Joseph in Paris gekauft.

wieder in die Gewinnzone. Man investierte laufend in technische Neuerungen. Um die Wende zum 19. Jahrhundert wurden auf dem Radhausberg drei Pochwerke gebaut. Das zerkleinerte Material schickte man durch eine steile Holzröhrenleitung zur Aufbereitung nach Böckstein. 1805 kam eine Aufzugsmaschine dazu, die der später im Raurisertal errichteten Anlage als Vorbild dienen sollte. Die gewaltigen Ruinen der Bergstation der Standseilbahn werden bis heute fotografisch immer wieder gern bemüht, wenn in Prospekten, Reiseführern und auf Internetseiten von den früheren goldenen Zeiten im Gasteinertal die Rede ist.

Die veränderten wirtschaftlichen Rahmenbedingungen nach der Eingliederung Salzburgs in die Donaumonarchie führten im 19. Jahrhundert dazu, dass der Bergbau wieder in die Verlustzone schlitterte. 1864 stellten die zuständigen k. u. k. Stellen den Betrieb wegen „alljährlich nicht unerheblicher Geldopfer" ein. Der Amtssitz der Bergbauverwaltung in der Montansiedlung in Altböckstein wurde in ein Kurhaus umgebaut. Aus dieser Ära stammt der spektakuläre mehrstöckige und angeblich überhaupt erste gusseiserne Brunnen Europas, der bis heute vor dem Anwesen sprudelt. Kaiser Franz Joseph 1878 hat ihn auf der Pariser Weltausstellung gekauft und später vor dem Kurhaus aufstellen lassen, das sich damals in seinem Besitz befand.

NEUER GOLDRAUSCH

Der Bergbau stand nicht lange still. 1875 erfolgte ein Neustart unter dem Dach der „Gewerkschaft Radhausberg", die Unternehmer und Privatpersonen aus dem Gasteinertal und der Stadt Salzburg gegründet hatten. Der Name „Gewerkschaft" stand in diesem Fall natürlich nicht für eine Interessensvertretung von Beschäftigten, sondern für die ebenfalls so bezeichnete bergrechtliche Kapitalgesellschaft. Nach anfänglichen Erfolgen schrieb aber auch sie Verluste und wurde 1907 von einer Investorengruppe rund um einen Schweizer Industriellen übernommen.

Diese „Zweite Gewerkschaft Radhausberg" hatte vor allem eine treibende Kraft: Karl Imhof. Er war als Ingenieur ab 1902 maßgeblich am Bau des Bahntunnels zwischen Böckstein und Mallnitz beteiligt gewesen. Im Lauf der Jahre interessierte er sich immer mehr für das abgewirtschaftete Bergwerk und die Goldvorkommen in der Gegend. Imhof und Montanisten, mit denen er zusammenarbeitete, waren der festen Überzeugung, dass im Gasteiner- und im Raurisertal noch viele Goldvorkommen schlummerten. 1908 durften sie sich dann tatsächlich über einen Rekordfund freuen. In der Siglitz, einem Seitental des Naßfeldtals, wurde eine Erzader mit dem geradezu fantastischen Gehalt von 682 Gramm Gold pro Tonne gefunden. Zum Vergleich: Der Abbau einer leicht er-

Der Russentunnel und die Russenbrücke (unten) werden so genannt, weil sie im Ersten Weltkrieg von russischen Kriegsgefangenen errichtet wurden.

reichbaren Lagerstätte lohnt sich bereits ab einem Goldgehalt von 5 Gramm pro Tonne. Muss man tiefer in die Erde vordringen, sind es bis zu 30 Gramm pro Tonne, um wirtschaftlich zu arbeiten.

Ebenso sagenhaft wie der Fund waren die Pläne, die Imhof & Co. in der Folge schmiedeten. Um das Erz durch die im Winter von Lawinen bedrohten Täler zu transportieren, überlegten die Ingenieure den Bau von Verbindungsstollen und Seilbahnen. Sogar über den Einsatz von Transportflugzeugen wurde diskutiert. Sie kamen nie zum Einsatz, dafür aber russische Kriegsgefangene: Sie bauten im Ersten Weltkrieg die alte Straße ins Naßfeldtal aus. Den zu dieser Zeit in den Fels gesprengten Durchgang und die von den Gefangenen errichtete steinerne Bogenbrücke nennt man Russentunnel und Russenbrücke.

Die alte Straße ist heute ein beliebter Wanderweg. Er verbindet die Astenalmen und das Naßfeld, das man aus touristischen Gründen mittlerweile in Sportgastein umbenannt hat. Als prominentester „Überquerer" der Russenbrücke gilt US-Schauspieler Nicolas Cage. Er stand hier 2008 für eine aufwendige Actionszene des Hollywoodstreifens „Season of the Witch" vor der Kamera. Im deutschsprachigen Raum trug der Film, in dem Cage einen mittelalterlichen Hexenjäger verkörpert, den Titel „Der letzte Tempelritter". Eine Hexe dürfte überlebt und sich danach mit einem Fluch an Cage gerächt haben: Der Film wurde weltweit mit vernichtenden Kritiken bedacht und brachte seinem Hauptdarsteller eine Nominierung für die „Goldene Himbeere" als schlechtester Schauspieler ein.

SCHAUMBÄDER UND ECHTE KUREN

Den Bergbau im Gasteinertal ereilte schon früher eine Art Fluch: 1927 war – einmal mehr – Schluss. Mittlerweile befand sich die Gesellschaft erneut mehrheitlich im Besitz des Staates. Im Jänner 1938 erfolgte die Verpachtung an das britische Unternehmen Edron Trust. Man hatte große Pläne, die jedoch ein überfallsartiges Ende ereilte. Die Engländer mussten sich schon im März wieder aus dem Gasteinertal zurückziehen. Nazi-Deutschland war in Österreich einmarschiert und beanspruchte den Goldbergbau für die PreussAG. Der verstaatlichte NS-Musterbetrieb nahm die Arbeiten in den Stollen und in der Erzaufbereitung umgehend wieder auf.

Aus diesen Jahren stammt ein weiteres spektakuläres Ausstellungsstück im Säumerstall des Montanmuseums in Altböckstein: eine bereits elektrisch betriebene Anlage, in der man die Trennung der Goldteilchen vom Rest des Gesteins mittels Flotation praktizierte. Dieses Verfahren macht sich die unterschiedliche Oberflächenbenetzbarkeit der Partikel zunut-

ze. In sogenannten Mineral-Separationszellen – vier sind noch Museum aufgestellt und werden bei Führungen regelmäßig in Betrieb genommen – brachten spezielle Chemikalien den Schlich zum Schäumen. Die schweren Goldpartikel blieben in der Flüssigkeit, während sich die leichten wertlosen Teilchen von den Blasen an der Oberflächen binden ließen. Der Schaum wurde mechanisch abgeschöpft, der Rest (das Flotationskonzentrat) mit der Bahn zur Verhüttung, also zum Ausschmelzen des Goldes, nach Freiberg in Sachsen gebracht.

Der wirtschaftliche Erfolg blieb immer weit hinter den Erwartungen. Bis zum Ende des Zweiten Weltkriegs gewann die PreussAG im Gasteinertal nur 223 Kilogramm Gold und 1107 Kilo Silber. Das Unternehmen beschäftigte bis zu 400 Menschen – manche davon mit Gewalt. Der Belegschaft gehörten durchgehend zwischen 30 und 60 Kriegsgefangene beziehungsweise Zwangsarbeiter an. Sie wurden hauptsächlich beim Bau des Pasel-Unterbaustollens eingesetzt, durch den man von Böckstein aus Erzgänge im Innersten des Radhausberges erschließen wollte. Die erhofften Funde stellten sich nicht ein, aber dafür eine geologische Überraschung: Gestein mit Temperaturen von bis 44 Grad.

Weil die Bergleute später davon berichteten, dass sie trotz der schweren Arbeit im Stollen von diversen Wehwehchen „geheilt" worden waren, begann die Universität Innsbruck nach dem Krieg mit der wissenschaftlichen Untersuchungen des Phänomens. Die Forscher fanden heraus,

Rund um den Heilstollen ist ein gefragter Kurbetrieb entstanden.

Das 1908 von Karl Imhof errichtete Kraftwerk dient heute als Museum.

Wie lange noch bis zum Einsturz? Ein altes Knappenhaus ist dem Verfall preisgegeben.

Warnungen auf Schritt und Tritt.

dass die Luft im Stollen außergewöhnlich hoch mit dem natürlichen radioaktiven Edelgas Radon angereichert ist. Geologisch gesehen handelt es sich um einen Gruß aus der Eiszeit, nach deren Ende viel Schmelzwasser versickerte, sich in tieferen Schichten erwärmte und beim Wiederaufsteigen Radium-Spurenelemente aus dem Gestein löste.

Eine medizinische Wirkung ist tatsächlich vorhanden. Die Kombination aus der hohen Luftfeuchtigkeit, den hohen Temperaturen und dem hohen Radon-Anteil hilft bei rheumatisch-entzündlichen Erkrankungen des Bewegungsapparates, der Atemwege und der Haut. Das macht den Stollen ohne Gold zur Goldgrube. Seit 1952 wird er als Heilstollen genutzt, vor Ort ist ein gut gebuchter Kurbetrieb entstanden. Wer den Berg lieber von außen in Angriff nimmt, kann – wie wir – auf dem Parkplatz der Anlage eine Wanderung auf den Radhausberg beginnen. Der Peter-Sika-Weg führt in seinem 6-stündigen und deshalb durchaus herausfordernden Verlauf an den eindrucksvollen Ruinen der alten Bergwerksanlagen vorbei. Sie liegen in etwa 1900 Meter Seehöhe. Mehrere Schilder warnen eindringlich vor dem Verlassen der gut markierten Route und dem Betreten alter Stollen.

SPIEL MIR DAS LIED VOM TOD

Leichter entdecken lassen sich die alten Knappenhäuser auf dem Naßfeld. Über die Mautstraße geht's bis zum Valeriehaus in Sportgastein, wo man das Auto stehen lassen muss. Wer dem Forstweg in westlicher Richtung folgt, stolpert nach einem zirka 10-minütigen Spaziergang über das 1911 von Imhof zur Elektrifizierung des Bergbaubetriebs errichtete Kraftwerk. Es ist heute ein Museum und wird ebenfalls vom Verein „Montandenkmal Altböckstein" betreut. Mit Holz verplankt ist der dahinterliegende Zugang zum Imhof-Stollen. Die rund 5 Kilometer lange unterirdische Verbindung nach Kolm Saigurn im benachbarten Raurisertal wurde im Zweiten Weltkrieg fertiggestellt. Danach gab es mehrfach Bemühungen, hier ein Schaubergwerk zu etablieren. Davon zeugen Schienen, die vor dem Stollen im Nichts enden, und eine ganze Menge Helme, die in einer Art Abstellkammer im Inneren der Anlage herumkugeln.

Nach Gold wird im Gasteinertal seit Kriegsende nicht mehr gesucht. Die „Gewerkschaft Radhausberg" existiert zwar noch. Sie beschränkt sich unter dem Namen Erzbergbau Radhausberg GmbH. allerdings auf den bergrechtlichen Betrieb des Gasteiner Heilstollens, die Mehrheit der Anteile am Unternehmen hält die Gemeinde. Abseits der touristischen Nutzungen hält sich das Interesse der öffentlichen Hand am historischen Erbe leider in Grenzen: Seit 2014 tobt ein Streit um die zwei letzten noch

Zugang zum Imhof-Stollen

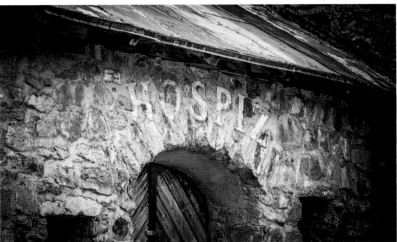

Anfang der 1980er-Jahre dienten die Knappenhäuser als Filmkulisse.

erhaltenen Knappenhäuser einige Höhenmeter weiter. Beide Gebäude sind um die Jahrhundertwende errichtet worden. Das untere – es gehört der Gemeinde – ist dem Verfall preisgegeben und soll abgerissen werden. Laute Proteste gegen das Vorhaben haben die Kommunalpolitiker zumindest bis 2015 davon abgehalten.

Das obere Knappenhaus wird von Privatpersonen in Schuss gehalten. Der Fotograf entdeckt über dem Eingang den Schriftzug „Hospiz". Früher nannte man Pilgerherbergen so, mittlerweile steht der Name aber in erster Linie für Einrichtungen zur Sterbebegleitung. Ein versteckter Hinweis auf den Umgang mit dem historischen Erbe? Nein. Das Gebäude diente als Kulisse für den 1985 ausgestrahlten ZDF-Dreiteiler „Via Mala" mit Mario Adorf in der Hauptrolle. Der mehrfach verfilmte Stoff handelt von einem tyrannischen Vater, der von seiner Familie schlussendlich umgebracht wird. Es ist und bleibt morbid. Die dramatische Musik für den TV-Schinken lieferte Ennio Morricone, der damals schon als Weltstar galt – er hatte den legendären Soundtrack des Westerns „Spiel mir das Lied vom Tod" komponiert.

MONTANMUSEUM ALTBÖCKSTEIN
Karl-Imhof-Ring 12
5645 Böckstein
www.montanmuseum-boeckstein.at

Das Museum ist von Mai bis Oktober täglich von 15 bis 18 Uhr geöffnet. Führungen werden in diesem Zeitraum jeden Dienstag und Donnerstag um 15 Uhr angeboten. Für Gruppen ab 7 Personen sind auf Anfrage individuelle Termine möglich.

Das ebenfalls vom Verein „Montandenkmal Altböckstein" betreute Schaukraftwerk in Sportgastein, das 1911 zur Elektrifizierung des Goldbergbaus errichtet wurde, kann man von Juni bis September jeden Mittwoch und Freitag von 14 bis 16 Uhr besichtigen.

GASTEINER HEILSTOLLEN
Heilstollenstraße 19
5645 Böckstein
www.gasteiner-heilstollen.com

Nach vorheriger Reservierung können auch Nicht-Kurgäste an einer „Kennenlern-Einfahrt" in den Heilstollen teilnehmen.

Der Peter-Sika-Weg (Nummer 524) auf den Radhausberg beginnt bei der Trafostation in der letzten Kehre der Straße zum Heilstollen. Nach 2,5 Stunden Gehzeit erreicht man die ersten Ruinen des alten Bergwerks. Wer den ganzen Rundweg bis Sportgastein bewältigen will, braucht Kondition. Er umfasst eine Gehzeit von 6 Stunden, hat aber nach den Überresten des Schrägaufzugs keinen musealen Charakter mehr.

DECKNAME STEINKAUZ

Murtal (Salzburg)

„Du Hornochse!" In diesen zwei schlichten Worten kann viel Liebe stecken. Meist ist die Zuneigung allerdings mit kurzfristiger Verachtung gepaart. Ob auch der Fotograf und ich zu Hause manchmal so bezeichnet werden, bleibt unser Geheimnis. Sollte es der Fall sein, könnten wir damit aber umgehen. Weil wir wissen, dass Ochsen, nachdem sie ihren Platz an der Krippe im Stall zu Betlehem hatten, als Helden unzähliger Sagen durch die Weltgeschichte geistern. Andere Tiere können das nicht von sich behaupten.

Damit sind wir fast schon mittendrin in der Sage vom Ochsenloch, die uns nach Tamsweg, in die „Hauptstadt" des Salzburger Lungaus, geführt hat. Auf einem Hang des Schwarzenbergs im Südwesten der Marktgemeinde steht die berühmte Wallfahrtskirche St. Leonhard. Sie zählt zu den schönsten spätgotischen Sakralbauten des Landes und galt im Spätmittelalter neben Mariazell und St. Wolfgang als beliebtestes Ziel von Pilgern in unseren Breiten. Die zwischen 1430 und 1433 erfolgte Errich-

Rund um die Wallfahrtskirche St. Leonhard bei Tamsweg wurde nach Gold geschürft.

86

Beim sagenumwobenen Ochsenloch unterhalb der Kirche dürfte es sich um einen Versuchsstollen handeln.

tung des beeindruckenden Bauwerks geht auf eine Legende zurück, deren Hauptdarsteller eine zuvor auf dem Schwarzenberg entdeckte Leonhardsfigur ist. Die hölzerne Statue wurde in die Kirche im Ort gebracht und in einer verschlossenen Truhe verwahrt, aus der sie aber – angeblich aus eigener Kraft – drei Mal zum Fundort auf dem Hang zurückkehrte. Damit war klar, dass die Figur oder, besser gesagt, der heilige Leonhard nach einem eigenen Gotteshaus auf dem Schwarzenberg verlangte. Dieses entstand laut Sage ebenfalls mit wundersamer Unterstützung: Aus einem alten Stollen unterhalb der Kirche kamen drei schwarze Ochsen, die den Handwerkern halfen, die schweren Lasten zur Baustelle zu transportieren. Als das Werk vollendet war, verschwanden die Tiere wieder im Berg. Seither spricht man in Tamsweg vom Ochsenloch, das bis unter den Altar der Wallfahrtskirche reichen soll.

Gegen die Legende spricht die Größe des in den Fels geschlagenen und – zumindest bei unserem Besuch – teilweise unter Wasser stehenden Ganges. In den Stollen, der sich tatsächlich unmittelbar neben dem Fußweg zur Kirche St. Leonhard befindet, passt weder ein Ochse noch ein aufrecht stehender erwachsener Mensch. Der Stollen lässt sich also nur kriechend erkunden und endet nach 17 Metern. Nach Angaben von Gerhard Kocher, der die Bergbaugeschichte des Lungaus umfassend erforscht und die Ergebnisse 2014 publiziert hat, handelt es sich bei dem sagenumwobenen Loch um einen von mehreren Schurfstollen auf dem Schwarzenberg. Namen wie Goldbründl und Goldbrunnock lassen den Schluss zu, dass die Tamsweger hier wahrscheinlich schon vor dem Bau der Wallfahrtskirche nach dem begehrten Edelmetall gesucht haben. Im Tal dürfte es außerdem Goldwaschwerke gegeben haben.

SOZIALER SPRENGSTOFF

Hotspot in Sachen Gold war im Lungau aber Schellgaden. Der Ort ist etwas mehr als 12 Kilometer Luftlinie von Tamsweg entfernt. Er liegt ebenfalls im etwa 60 Kilometer langen Salzburger Murtal und gehört zur Gemeinde Muhr, wo der bis auf das „stumme" H gleichnamige Fluss entspringt. Im Süden wird Schellgaden durch das Kareck und den Katschberg begrenzt, die beide, wie es so schön heißt, „goldführend" waren. Sowohl von der Salzburger aus auch von der Kärntner Seite aus bemühte man sich intensiv um die Ausbeutung der Vorkommen, im Murtal bereits ab 1285, wie Urkunden belegen.

Hochkonjunktur hatte der Goldbergbau in Schellgaden anno 1772 mit insgesamt 110 Beschäftigten. Die Gruben befanden sich, wie überall im

Der renovierte Pulverturm in Schellgaden.

damaligen Salzburg, im Eigentum der Fürsterzbischöfe. Sie überließen das Betreiben der Minen meist reichen Pächtern, von deren Vermögen am anderen Ende der Gesellschaft wenig ankam. Der Alltag der Knappen, war hart, in sogenannten Bergordnungen aber wenigstens halbwegs geregelt. Gearbeitet wurde in Schichten zwischen 6 und 18 Uhr. Im Winter machte man aus Sicherheitsgründen schon um 16 Uhr Schluss. Der Anmarsch zu den Revieren galt als Teil der Arbeitszeit und war im alpinen Gelände oft gefährlich, weshalb er bei Tageslicht erfolgen musste. Ihren Lohn erhielten die Bergleute nicht immer in bar, oft händigten ihnen die Gewerke nur Pfennwerte (Gutscheine für Naturalien) aus. Dementsprechend groß war der Ärger der Knappen, als 1774 in Schellgaden eine zusätzliche Schicht

Fotografien in der Prizhütte auf dem Katschberg zeigen das „Innenleben" der alten Goldstollen.

eingeführt und ihre wöchentliche Arbeitszeit damit auf 56 Stunden verlängert werden sollte. Viele verließen deshalb das Tal. Es war der Anfang vom Ende des Goldbergbaus in dieser Gegend. Er warf immer weniger Ertrag ab und wurde 1818 eingestellt.

In Schellgaden ist die Erinnerung an die Armut auf der einen und den Reichtum auf der anderen Seite beinahe verblasst. Ein Knappenhaus steht noch. Man erkennt es an der markanten historischen Holzkonstruktion, die auf das gemauerte Erdgeschoß aufgesetzt wurde. Seine Fassade ziert das prunkvolle Wappen des Salzburger Erzbischofs Sigismund III. Christoph von Schrattenbach. Er regierte Mitte des 18. Jahrhunderts und war einer der ersten Förderer von Leopold Mozart und dessen Sohn Wolfgang Amadeus.

Oberhalb des Dorfes führt ein beinahe zugewachsener Fußweg zum 2002 sanierten Pulverturm, in dem der Sprengstoff für den Vortrieb der Stollen gelagert wurde. Diese Gebäude bestanden in allen Bergbaugebieten aus einem besonders massiven Mauerwerk und einer leichten Dachkonstruktion. So konnte die Druckwelle im Fall einer zum Beispiel durch Blitzschlag verursachten Detonation nach oben entweichen und der Rest des Gebäudes blieb mehr oder weniger unbeschädigt.

UNTERIRDISCHE NS-FLUGZEUGFABRIK?

Die Ruinen aus der allerletzten Bergbau-Ära in Schellgaden befinden sich auf rund 1700 Meter Seehöhe unterhalb des Karecks. Im Juli 1938, nur vier Monate nach dem „Anschluss" Österreichs an Nazi-Deutschland, wurde im Bereich des alten Stüblbau-Reviers die Suche nach Gold wieder aufgenommen – das Regime auf Kriegskurs brauchte dringend Geld. Aber schon 1941 wurde der Betrieb wieder eingestellt, man war auf keine nennenswerten Lagerstätten gestoßen. 1944 scheiterte ein weiterer Versuch, an die goldenen Zeiten von einst anzuknüpfen.

Die zwei kurz vor und während des Zweiten Weltkriegs in den Berg getriebenen Stollen sind heute verschlossen. Sie befinden sich hinter den Ruinen des ehemaligen Gasthofes Almfried im Bereich der Abzweigung zum sogenannten Arnoweg. Das Areal ist etwa eine halbe Stunde Geh-

Blick von der Prizhütte auf das Bergbaugebiet. In der heutigen Idylle erinnert wenig an die Vergangenheit.

Sanfter Tourismus. Sogar Gastgeberhunde machen begeistert mit.

90

zeit von der ganzjährig bewirtschafteten Prizhütte auf dem Katschberg entfernt. Ein kurioses Bild bietet die in der NS-Bergbauzeit errichtete Trafostation. Die Holzkonstruktion ist umgefallen und liegt jetzt flach im Gras. Einige Hundert Meter weiter westlich, wo die Vegetation von Alm auf Dschungel wechselt, entdecken wir dann auch die Spuren früherer Jahrhunderte. Aus dem unheimlichen Grün ragen die Ruinen alter Knappenhäuser und Felsbrocken, die längst verstürzte Stollen verschließen.

Unweit der stillgelegten Bergwerke im Tal war das NS-Regime ebenfalls aktiv. Man begann einen Tunnel für eine Reichsautobahn durch den Katschberg zu sprengen. Die Strecke sollte Salzburg und Klagenfurt verbinden, wurde aber in der geplanten Form nie fertiggestellt. Es blieb bei einem zirka 2 Meter breiten und 2 400 Meter langen Richtstollen zwischen Schellgaden und der Ortschaft Gries bei Rennweg auf Kärntner Seite. 1942 ließ die Bauleitung die Arbeiten einstellen.

Wenig später tauchte der Tunnel plötzlich in streng geheimen Dokumenten auf. Die Rüstungsindustrie der Nazis suchte nach unterirdischen Verstecken, weil ihre bisherigen Fabriken zunehmend von den Alliierten bombardiert wurden. Einer Liste zufolge war der Stollen bei Schellgaden für die Flugzeugwerke Eger reserviert, die dort Tragflächen für die Me 262-Düsenjäger fertigen sollten. Der Deckname des Projekts lautete „Steinkauz". Ob man die Umsetzung je ernsthaft in Erwägung gezogen oder damit sogar schon begonnen hat, ist nicht überliefert. Nach Kriegsende wurden die Zugänge auf beiden Seiten des Berges durch Sprengungen verschlossen. Der 1974 eröffnete Katschbergtunnel der Tauernautobahn befindet sich übrigens rund 2 Kilometer östlich des damals geplanten.

UMS ECK RESIDIERTE NAZI-GRÖSSE GÖRING

Interessant ist die geografische Nähe der Aktivitäten des NS-Regimes in Schellgaden zur Nummer 2 der NSDAP: Reichsmarschall und Hitler-Stellvertreter Hermann Göring residierte oft in der nur 15 Autominuten entfernten Burg Mauterndorf. Er kannte sie aus seiner Kindheit und Jugend, als die imposante mittelalterliche Anlage noch seinem Patenonkel Hermann von Epenstein gehörte. Der zum evangelischen Glauben konvertierte Jude unterhielt zu dieser Zeit eine relativ offen ausgelebte Liebesbeziehung mit Görings (verheirateter) Mutter. Das dürfte die Begeisterung des späteren Gestapo-Gründers für die alten Mauern aber nicht gebremst haben. Nach Epensteins Tod konnte er dessen Witwe „überzeugen", ihm das Anwesen zu vererben. Sie starb 1939, Göring wurde Burgherr.

Als „Beauftragter für den Vierjahresplan" war der schillernde NS-Politiker eine Art Wirtschaftsdiktator. Ob er sich in dieser Funktion je mit dem Goldbergbau von Schellgaden beschäftigt hat, wissen wir nicht. Nachweisliche Interventionen von Göring gab es hingegen im Zusammenhang mit der Reichsautobahn. Er wollte das prestigeträchtige Projekt unbedingt vor seiner Haustür haben und setzte sich wiederholt für eine Trassenführung über Mauterndorf ein. Der Wunsch des Reichsmarschalls wurde aber weder kurzfristig noch posthum erfüllt. Die Planer der erst Jahrzehnte nach seinem Tod fertiggestellten Tauernautobahn wählten eine kilometerweit entfernte Streckenführung.

Die heutigen Bewohner von Mauterndorf dürfte das freuen. Der schmucke Ortskern gleicht mit seinen liebevoll restaurierten historischen Häusern einem bewohnten Schatzkästchen. Die Marktgemeinde war einst das Verwaltungszentrum der Suche nach Edelmetall und anderen Roh-

92

Schmuckes Mauterndorf. In der Burg residierte die Nummer 2 des Nazi-Regimes, Hermann Göring.

stoffen im Lungau. Hier befanden sich das Berggericht und die Zentralen der einzelnen Gewerke. Die meisten Gebäude, die wie die berühmten Treppengiebelhäuser aus dem 17. Jahrhundert auf dem Brunnenplatz oder das Hotel Post unter Denkmalschutz stehen, wurden von Familien errichtet, die ihr Vermögen im Bergbau gemacht hatten. Burg Mauterndorf beherbergt heute ein Museum, das dem Leben im Mittelalter gewidmet ist.

ALTERNATIVE ZU EINEM MONDGRUNDSTÜCK

Unsere (und auch die generelle) Suche nach Gold endet ausgerechnet dort, wo das Salzburger Murtal beginnt. Nur wenige Kilometer nach der Quelle, aus der das Wasser der Mur sprudelt, liegt die Ortschaft Rotgülden. Hier wurde vom 14. bis zum Beginn des 21. Jahrhunderts beinahe ununterbrochen Arsenkies abgebaut. 2007 begann die britische Firma Noricum Gold Ltd. das Gebiet unter die Lupe zu nehmen. Man führte Probebohrungen durch und berichtete von vielversprechenden Ergebnissen. Vor allem der Goldgehalt des Gesteins lag nach Angaben des Unternehmens, dessen Aktien an der Londoner Börse gehandelt werden, „weit über den Erwartungen".

2015 wurden die Arbeiten in Rotgülden aus Geldmangel eingestellt. Vor Ort hielt sich das Bedauern darüber in Grenzen. Gemeindepolitiker hatten das Projekt aus Umweltschutzgründen von Anfang an kritisiert. Wenig euphorisch, aber dafür originell fiel eine bereits 2012 von der Tageszeitung „WirtschaftsBlatt" publizierte Analyse der Noricum-Aktien aus. In ihr hieß es: „Wer nicht Zeit hat, in Heiligenblut Gold zu waschen, kann sich den (in London notierten) Pennystock ins Depot legen. Oder Noricum Gold als Alternative zu diversen Internetangeboten wie der Anschaffung eines Mondgrundstücks sehen. Die Wahrscheinlichkeit, mit der Aktie reich zu werden, dürfte mit jener vergleichbar sein, mit einem Goldfund vermögend zu werden."

INFO & KONTAKT

PRIZHÜTTE
Im Gontal
9863 Katschberg
www.pferdebauernhof.com/prizhuette

Die Hütte hat in der Sommersaison (Pfingsten bis Ende Oktober) von 9.30 bis 18 Uhr und im Winter von 10.30 bis 23 Uhr geöffnet. Sie ist von der Katschberghöhe aus in einer knappen Stunde Gehzeit erreichbar. Es gibt – zu jeder Jahreszeit – auch ein Art „Shuttleservice" mit einer Pferdekutsche beziehungsweise einem Pferdeschlitten.

Wenn kein Schnee liegt, sind die verschlossenen Stollen unterhalb des Kareckes leicht zu erreichen. Sie befinden sich etwa eine halbe Stunde Gehzeit von der Prizhütte entfernt. Um sie zu erreichen, folgt man einfach dem Forst- und späteren Wanderweg, der in Richtung Westen zur Ruine des ehemaligen Gasthofes Almfried führt.

BIO-DROGE AUS DEM BERG
Pöllatal (Kärnten)

Die Kühe haben sich an die regelmäßige Unterbrechung ihres wieder-käuenden Tagwerkes längst gewöhnt. Unwillig, aber doch machen sie Platz, wenn sich die Tschu-Tschu-Bahn nähert, die zur Freude des Foto-grafen ganz offiziell diesen schönen Namen trägt. Wie eine zu groß gera-tene Eisenbahn aus dem Kinderzimmer schlängelt sich der Bummelzug durch das Pöllatal westlich von Rennweg. Das Landschaftsschutzgebiet ist gerade noch Kärntner Boden, im Norden wird es durch die Berge begrenzt, deren Kamm die Landesgrenze zu Salzburg bildet.

Die von Frühling bis Herbst mehrmals täglich verkehrende Tschu-Tschu-Bahn ist die einzige Möglichkeit, das malerische Tal motorisiert zu erkunden. Autos müssen draußen bleiben – sonst wäre die Gegend ja nicht so malerisch. Die heile Welt mit ihren zwei bewirtschafteten Hütten, dem glasklaren Bach und den grünen Wiesen war allerdings nicht immer das jugendfreie Paradies, durch das nun schon seit Jahren Touristen und ihre Kinder kutschiert werden. Wir haben uns eingelesen

Die Kühe und die Tschu-Tschu-Bahn führen eine friedliche Koexistenz.

Das heutige Kärntner Pöllatal war im Mittelalter lange ein Teil des Fürsterzbistums Salzburg.

Das ehemalige Verwaltungs- und Verarbeitungszentrum des Goldbergbaus in der Ortschaft zieren noch heute die Wappen der Bischöfe und der Familie Lodron.

Nach alten Stollen muss man in der Gegend nicht lange Ausschau halten.

und können deshalb die anderen Passagiere des Bummelzugs mit historischen Fakten erschrecken. Diese handeln von Gold und Gift.

DER SCHATZ IM FREIMANNSLOCH

Vermutlich schon im 11. Jahrhundert wurde im Pöllatal – wie auf der Salzburger Seite derselben Berge – fleißig nach Gold gesucht. Genau genommen gab es damals noch gar keine Kärntner Seite. Die Herrschaft Gmünd, zu der die Gegend gehörte, befand sich zu jener Zeit im Besitz der Salzburger Fürsterzbischöfe. Sie hatten den Ort als Vorposten zum Schutz des Katschbergsattels gegründet. In Gmünd, das sich schon ab 1346 Stadt nennen durfte, befand sich später auch das Berggericht, das im Auftrag der Bischöfe über den Abbau des Edelmetalls im Pölla-, im Lieser- und im Maltatal wachte.

1639 ging die Herrschaft Gmünd in das Eigentum der Grafen Lodron über. Der Salzburger Fürsterzbischof Paris von Lodron war so freundlich gewesen und hatte die Stadt samt Umgebung seinem Bruder Christoph „gestiftet". An diese Ära erinnert unter anderem das einstige Verwaltungs- und Verarbeitungszentrum des Gold- und Silberbergbaus im Pöllatal. Von der Fassade des gut erhaltenen Hauses in der Ortschaft Oberdorf leuchten die frisch renovierten Wappen des Salzburger Bistums und der Grafen Lodron. Das Gebäude war Teil eines Komplexes, in dem das abgebaute Erz gepocht und gewaschen wurde.

Fast 300 Jahre lang hatte hier die Familie Lodron das Sagen, um deren angeblichen Reichtum sich eine bundesländerübergreifende Legende rankt: Um sein Vermögen vor den Türken, die in Kärnten eingefallen waren, in Sicherheit zu bringen, belud ein Graf des Geschlechts eines Tages zehn Pferde mit Kostbarkeiten. Als einfacher Eisenhändler ver-

Ruine der Arsenik-Röstanlage und ihrer sogenannten Giftkammern.

97

Erinnerung an den Tod der Faschaunerin. War sie wirklich eine Giftmörderin?

kleidet, führte er sie allein nach Nordosten. In der Gegend, wo sich heute die Grenzen von Kärnten, Salzburg und der Steiermark treffen, verbarg der Adelige sein Gold und Silber in einer schwer zugänglichen Höhle. Ein Hirte half ihm dabei, die Säcke über eine Steilwand in das Versteck zu befördern. Nur er und der Besitzer des Schatzes kannten den Zugang. Und beide sollten ihr Wissen schon kurz darauf mit ins Grab nehmen.

Der Graf wurde auf dem Rückweg nach Gmünd von den Türken gefangen genommen und geköpft. Dem Hirten lauerten wenig später auf seiner Alm unbekannte Täter auf und fügten dem Mann tödliche Messerstiche zu. Sein Geist soll die verborgenen Reichtümer noch immer bewachen. Bis in die Gegenwart zieht diese Sage Schatzsucher an. Auf der Jagd nach der Höhle, die man Freimannsloch nennt, sind schon Tausende Steine verzweifelt umgedreht worden. Freimann ist übrigens eine altertümliche Bezeichnung für Henker. Der Name des Verstecks bezieht sich auf die Warnung, dass jedem, der es betritt, vom Gespenst des Hirten sofort der Kopf abgeschlagen wird.

KEIN HAREM OHNE ARSENIK

Zum Anhäufen eines sagenhaften Schatzes dürften die Einkünfte aus der Suche nach dem realen Gold rund um Gmünd nicht gereicht haben. Ein Leben in Wohlstand war für die Grafen von Lodron und die involvierten Gewerken jedoch drin. Ihre Bergwerke blieben zwar verhältnismäßig klein, sie warfen aber anscheinend lange Zeit konstante Erträge ab. Lukrative Geschäfte machte man, ausgehend vom Pöllatal, nicht nur mit dem Edelmetall, sondern auch mit einem anderen ebenso legendären wie wertvollen Stoff: Arsenik.

Aufschluss über die Herstellung gibt der Name, den der Stoff im Volksmund hat. Er wird Hüttrauch oder Hittrach genannt. Arsenik entsteht, wenn man arsenhaltige Erze erhitzt, bis sich diese in Rauch auflösen. Wo er sich absetzt, entstehen Schichten von Arsentrioxid (um zumindest einmal die chemisch korrekte Bezeichnung von Arsenik zu nennen). Hüttrauch war also, vereinfacht erklärt, eine Art Nebenprodukt, wenn man arsenhaltiges Gestein auf der Suche nach Goldeinschlüssen röstete. Und im Pölltal gab es, wie auf der Salzburger Seite der Tauern in Rotgülden, eine ganze Menge Arsenerz.

Die vielfältigen Einsatzmöglichkeiten von Hüttrauch waren seit der Spätantike bekannt und wurden im Mittelalter vor allem durch alchemistische Forschungen immer weiter verfeinert. Die Römer verwendeten den Stoff, der schon in Mengen ab 0,1 Gramm zum tödlichen Gift werden kann, zur Depilation des Schambereichs. Noch gefragter war diese Art der Anwendung später im Orient – kein Harem kam ohne Arsenik aus. Die Frauen nahmen es in minimalen Dosen zusätzlich als eine Art Schönheitsmittel ein, verwendeten es aber ebenso als Schminke und Puder.

In unseren Breiten galt Arsenik offiziell als Medizin. Es wurde gegen Syphilis, Fieber, Asthma, Lungenkrankheiten und Hautschäden aller Art geschluckt. Die Abgabe erfolgte schon im Mittelalter streng limi-

Im Wald, da steht ein ... alter Schmiedeofen.

tiert, weil man um die mörderische Wirkung größerer Portionen wusste. Allen Verboten zum Trotz blühte im Alpenraum eine Schattenwirtschaft mit Hüttrauch, die über Jahrhunderte hinweg bis zum Ende des Zweiten Weltkrieges gedauert haben soll. Vor allem im ländlichen Raum schätzte man das Pulver als Doping- und Potenzmittel. Wer schwere körperliche Arbeit verrichten musste, griff regelmäßig zur „Bio-Droge" aus dem Berg. Besonders viele Arsenikesser, wie man sie nannte, waren unter den Bergleuten und Knechten zu finden.

Wer den Stoff über einen längeren Zeitraum einnahm, vertrug immer größere Portionen. So wird von Arsenikessern berichtet, die angeblich locker das Dreifache einer für andere Menschen tödlichen Dosis weggesteckt haben. Wie heutige Drogensüchtige litten sie langfristig unter Entzugserscheinungen, wenn

*Die langsam zuwach-
sende, derzeit aber
noch frei zugängliche
Arsenik-Schauhütte.*

der Nachschub ausblieb. Kurzfristig steigerte Hüttrauch Leistung und
Ausdauer, ebenso allerdings den Appetit, was die Menschen ordentlich
zunehmen ließ. Das erklärt den guten Ruf des Pulvers als Kosmetikar-
tikel für Frauen und das Schwärmen zeitgenössischer Autoren über die
„festen Brüste", die es bei den Damen bewirkte. Das Schönheitsideal im
Mittelalter war eben noch weit von den Magermodels des 21. Jahrhunderts entfernt.

Bei Tieren hatte das Mittel eine ähnliche Wirkung. Bauern und Säumer
dopten damit gezielt Pferde, wenn sie zum Beispiel eine Tour durchs
Gebirge vor sich hatten. Ebenso begehrt war Arsenik als Rohstoff. In
Venedig benötigte man es für die berühmte Glasproduktion und als Rat-
tengift. Später diente Hüttrauch als Färbemittel für Kleidungsstücke und
Tapeten, was jedoch immer wieder zu Vergiftungserscheinungen bei
Menschen und deshalb schon lange vor der Gründung von Greenpeace
zu einem Verbot des Stoffes in diesem Bereich führte.

KRIMINELLE ENERGIE

Vor allem im Westen des Pöllatals entstanden parallel zu den Goldberg-
werken im Spätmittelalter eigene Arsenik-Abbaue. Zu den schillernds-
ten Hüttrauch-Gewerken zählt der Mitte des 17. Jahrhunderts lebende
Blasius Glantschnig, der eine lukrative Doppelrolle innehatte. Als Apotheker in Villach und Großhändler für Apothekerwaren wusste er um
den Markt für das begehrte Mittel bestens Bescheid. Er stieg zu einem

der bedeutendsten Hüttrauch-Produzenten der Ostalpen auf. Seine Hauptabnehmer fand er in Venedig.

Beim Geschäftemachen war Glantschnig kreativ und überschritt wahrscheinlich mehr als einmal die Grenze des Legalen. 1658 überführten ihn die Behörden mithilfe mehrerer Mitarbeiter, die gegen ihren Chef aussagten, als Schmuggler. Der Apotheker und Minenbetreiber wurde zu einer Geldstrafe verurteilt, weil er Hüttrauch in Kerzen- und Pulverfässchen (beide Produkte waren als Bergwerksbedarf von der Maut befreit) versteckt und sich so um hohe Abgaben gedrückt hatte.

Bleiben wir bei Kriminalfällen: Bis heute ist Arsenik – dank Agatha Christie & Co. – vor allem als Gift bekannt, das im Körper des Ermordeten keine Spuren hinterlässt. Bis 1836 war dies tatsächlich der Fall. Seither kann eine Vergiftung dieser Art durch einen chemischen Test nachgewiesen werden. Zuvor soll das Mittel vor allem in sogenannten besseren Kreisen häufig das Leben von Menschen vorzeitig beendet haben. Die nie gefassten Täter stammten wohl, wie es bei Gewaltverbrechen bis heute meist der Fall ist, aus dem Familienkreis. Die ironische französische Bezeichnung für Arsenik lautet deshalb „poudre de succession" (Erbschaftspulver).

Ein spektakulärer angeblicher Mordfall ist aus der unmittelbaren Umgebung der Oberkärntner Arsenik- und Goldbergwerke überliefert. Nur wenige Wochen nach seiner Hochzeit starb 1770 der Bauer Jakob Kary aus dem Maltatal unter heftigen Leibschmerzen. Schnell geriet seine Gattin Eva, die Tochter des Faschauner-Bauern (kurz: Faschaunerin), zuerst unter Mordverdacht und dann in die Mühlen in die Justiz. Sie war die letzte Verdächtige, an der in Österreich die „peinliche Befragung" durchgeführt wurde: das Verhör unter Folter. Nach drei qualvollen Jahren hatte man der Frau schließlich ein Geständnis abgerungen. Sie gab zu Protokoll, dass sie

Die in der Arsenik-Schauhütte ausgestellten Exponate sind aufgrund der Brisanz des Stoffes gut gesichert.

ihren Mann mit Hüttrauch vergiftet hätte. Die Faschaunerin wurde zum Tod verurteilt und im März 1773 bei Gmünd enthauptet.

GESCHEITERTER SELBSTVERSUCH

1825 endete die Ära des Arsenik-Bergbaus im Pölltal. Der Handel mit dem Stoff war durch gesetzliche Einschränkungen immer unrentabler geworden. 100 Jahre später wurde auch der nur mehr zeitweise und auf Sparflamme betriebene Goldbergbau endgültig eingestellt. Bei Oberdorf sind neben dem ehemaligen Verwaltungszentrum noch einige Ruinen zu finden. Südlich der Ortschaft darf sich der Fotograf über ein ungewöhnliches Motiv freuen. Mitten im Wald steht dort nämlich ein Schmiedeofen mit Rauchfang. Am westlichen Ende des Pölltatals entdecken wir die Ruinen einer Arsenik-Röstanlage und ihrer angeschlossenen Giftkammern, die früher tatsächlich so genannt wurden.

Ganz in der Nähe der mit der Tschu-Tschu-Bahn erreichbaren Schoberblickhütte bietet ein kleines Museum seltene Einblicke in die Arsenik-Gewinnung. Die Ausstellung ist theoretisch frei zugänglich. Praktisch muss man sich allerdings durchschlagen – das Gebäude wächst langsam zu. Drinnen trauert der Fotograf noch einmal unserem gescheiterten Selbstversuch nach. Er wollte die belebende Wirkung von Arsenik testen, fand jedoch keinen Apotheker oder Arzt, der sich bereit erklärt hätte, mitzumachen. Kurzfristig überlegen wir deshalb, die im Museum ausgestellten Arsenerze abzulecken, lassen es aus Gründen unserer Würde und Sicherheit dann aber doch sein.

INFO & KONTAKT

Tschu-Tschu-Bahn zur Schauhütte und den Ruinen
www.katschberg-rennweg.at

Der Bummelzug vom letzten mit dem eigenen Pkw ansteuerbaren Parkplatz im Pölltal (Grillplatz) fährt über die Schoberblickhütte, neben der das Arsenik-Museum zu finden ist, bis zur Kochlöffelhütte. Er verkehrt täglich vom zweiten Samstag im Mai bis zum ersten Sonntag im Oktober. Die Intervalle variieren je nach Saison, der Fahrplan ist im Internet abrufbar.

Um zu den Ruinen der Arsenik-Röstanlage und der Giftkammern zu gelangen, folgt man der Forststraße, von der links die beschilderte Zufahrt zur Kochlöffelhütte abzweigt. Die Mauerreste sind in zirka 15 Minuten Gehzeit erreichbar und befinden sich gleich rechts neben dem Weg.

VENI, VIDI ... VICI?*

Gail- und Gitschtal (Kärnten)

* Asterix-Leser und Streber, die im Lateinunterricht aufgepasst haben, wissen: „Veni, vidi, vici" (Ich kam, ich sah, ich siegte) ist ein Zitat, das dem Feldherrn und Staatsmann Gaius Julius Caesar zugeschrieben wird. Das Original endet natürlich nicht mit einem Fragezeichen.

Caesar schreitet tatsächlich majestätisch dahin. Bis auf seinen Gang erinnert allerdings wenig an den gleichnamigen römischen Herrscher. Kein Wunder, Caesar ist ein Lama! Wer nun glaubt, dass wir in Südamerika sind, irrt. Wir treffen Caesar in Kärnten. Weil es rund um die Ortschaft Dellach im Gailtal heißt, man habe hier einst nach Gold geschürft, nehmen wir die Gegend genauer unter die Lupe – beim Lamatrekking. Denn das gibt, wie sich der Fotograf vorab gefreut hat, optisch mehr her als einen Berg faul hinaufzufahren oder bloß zu latschen.

Unsere Expedition, so viel vorweg, gleicht in erster Linie einer Chronik des Scheiterns. Aber das soll ja (beziehungsweise in 99 Prozent der Fälle sogar hauptsächlich) zum Goldsuchen dazugehören. Dem ersten Irrtum sind wir schon in der Frage der Logistik aufgesessen: Das Lama ist keine Rikscha, sondern purer Sport. Die Tiere werden nicht geritten – man führt sie an der Leine. Wenigstens tragen Caesar und Balu unsere Rucksäcke. Der Name des zweiten Paarhufers täuscht übrigens ebenfalls. Das Lama Balu hat nichts mit dem lustigen dickbäuchigen Bären zu tun, der in der Disney-Verfilmung von „Das Dschungelbuch" die Hymne der

Autoren-Selfie mit Lama: Georg Lux (links), Balu.

Johann Kanzian bietet auch Lamatrekkingtouren für Manager an.

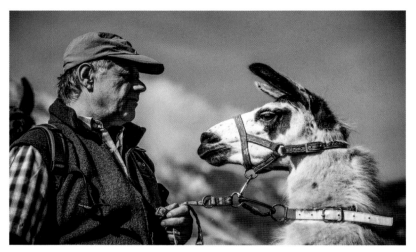

Unterwegs auf der Jauken.

Cooler Typ Caesar.

Entschleuniger – „Probier's mal mit Gemütlichkeit" – intoniert. Im Gegenteil. Je steiler der Weg auf die Jauken wird, desto schneller werden unsere zottigen Begleiter.

RUND UM BURG GOLDENSTEIN

Bei der Jauken handelt es sich um einen in Ost-West-Richtung verlaufenden Gebirgszug der Gailtaler Alpen, dessen Gipfel in bis zu 2000 Meter Seehöhe das Kärntner Gail- vom nördlich gelegenen Drautal trennen. Namensgeber der Bergkette dürfte das Wetter gewesen sein. Jauk ist ein alter Begriff für den von Süden (slowenisch: *jug*) wehenden Föhn. Das Gebiet war lange vor dem ehemals wohl versumpften Tal besiedelt. Auf dem Hochplateau Gurina, das im Süden der Jauken in einer Seehöhe von 800 bis 890 Meter liegt, wurde spätestens 900 v. Chr. eine erste Siedlung gegründet.

Wirtschaftliche Bedeutung erlangte diese ab 500 v. Chr. durch Zuwanderer vom Stamm der Veneter aus dem heutigen Oberitalien. Sie knüpften vom Gailtal aus mit den ostalpinen Hallstattkulturen Handelsbeziehungen und betrieben auf der Gurina Bergbau. Bei Ausgrabungen fand man Schlacken, Ofenreste und sonstige Gesteinsbrocken, die aus der Verarbeitung von Kupfer-, Blei- und Zinkerzen stammen. Nach der Okkupation des damaligen keltischen Königreichs Noricum bauten die Römer die Siedlung auf der Gurina weiter aus. In den folgenden Jahrhunderten wurde sie aber schrittweise aufgegeben, bis sich ihre Spur im Frühmittelalter endgültig verliert.

Die in manchen lokalen Geschichtsbüchern niedergeschriebene Vermutung, dass in der Umgebung Gold abgebaut worden sei, geht auf gleich mehrere Ortsnamen zurück. Auf dem Weg von Dellach zur Jauken-Alm durchquert man das Dorf Goldberg. Ganz in der Nähe befand sich die Goldburg der Grafen von Görz, die damals in der Region herrschten. Die Anlage wurde im 13. Jahrhundert bei einer Auseinandersetzung mit dem Herzog von Kärnten zerstört, aber einige Meter weiter und unter einem neuen Namen wieder aufgebaut: als Burg Goldenstein.

Die historischen Quellen sprudeln in diesem Zusammenhang leider nur spärlich. Der einzige Bericht, in dem die Suche nach dem Edelmetall erwähnt wird, stammt aus dem Jahr 1524. Es handelt sich um die Dokumentation einer Dienstreise, die Oberstbergmeister (so nannte man den Leiter der obersten Bergbaubehörde im damaligen Herzogtum Österreich) Hieronymus Zott mit Kollegen im Auftrag der neuen Besitzer der Grafschaft Ortenburg unternahm, zu der dieser Teil des Gailtals gehörte. In der montanistischen Bestandsaufnahme ist die Rede von „mehreren Einbauten" auf der Jauken und bei Goldenstein.

Auf der Gurina wurde ein Gräberfeld aus der Hallstattzeit rekonstruiert.

Massenweise Hinweise auf Gold.

Der Aufstieg zur Ruine von Burg Goldenstein ist gefährlich.

LERNE VOM LAMA!

Zeugen in der Landschaft gibt es hingegen genug: Rund um die ausschließlich für schwindelfreie Besucher zugängliche Ruine Goldenstein – sie liegt auf einem nur über einen schmalen Steig erreichbaren Felsen – entdecken wir einen verbrochenen Stollen nach dem anderen. Zu noch intakten Gängen auf der Südseite der Jauken führen uns die Lamas Caesar und Balu. Wie die angrenzenden Ruinen der verfallenen alpinen Bergarbeitersiedlungen gehören diese Gänge allerdings „nur" zum Blei- und Zinkbergbau, der hier vom Spätmittelalter bis 1901 betrieben wurde.

Wir stolpern im wahrsten Sinn des Wortes über viele schöne Motive, Gold ist jedoch keines dabei. Lamatrekker Johann Kanzian tröstet uns: „Dafür habt's was gelernt." Weil wir ihn fragend anschauen, deutet er auf Caesar, der gerade wenig majestätisch Wasser lässt. Das kann, wie wir mittlerweile wissen, mehrere Minuten dauern, in denen das Tier nicht vom Fleck zu bewegen ist. „Ihr habt nun hoffentlich begriffen, dass nicht immer alles so schnell gehen kann, wie man will, und dass man sich auf andere einstellen muss. Das bringe ich Managern bei, wenn wir Seminare mit den Lamas machen."

Auf Gold stoßen wir später ohne die Tiere bei einem Besuch auf der Gurina. Dort hat man ein Gräberfeld aus der Hallstattzeit und den römischen Herkulestempel rekonstruiert. Er dient als Location für kleinere Veranstaltungen und Trauungen. Hier geschlossene Ehen halten sicher lang: Die geschmacklose, aber immerhin mit einem goldenen Strahlenkranz versehene Darstellung eines nackten Herkules verdirbt jeder Braut auf Jahre hinweg das Interesse an fremden Männern.

Endgültig Trost finden wir 2 Kilometer weiter östlich. In der Nähe der romanischen Kirche St. Helena haben 2001 hauptberufliche Forscher

Verbrochenen Stollen auf der Spur.

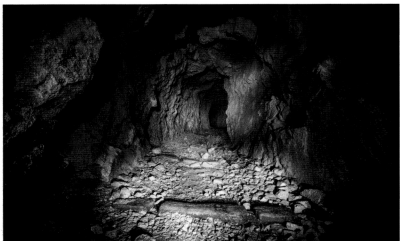

eine noch größere Pleite erlebt als wir auf der Suche nach dem Edelmetall im Gailtal. Sie hielten einen auffälligen Geländekegel für ein Hügelgrab und rückten mit Bagger und Schaufeln an. Ergebnis? Null. Nur der Grundbesitzer durfte sich freuen. Er hat die von den Archäologen ausgehobene Grube zum Anlegen eines schönen Badeteichs genutzt.

DAS VERWUNSCHENE BERGWERK

Leichter und vor allem erfolgreicher verläuft einige Tage später unsere Suche nach Spuren des Goldbergbaus im Gitschtal. Es grenzt nordwestlich der Bezirksstadt Hermagor an das Gailtal und besitzt mit Hermann Strömpfl so etwas wie einen historischen guten Geist. Der Pensionist hat in seinem Haus in Weißbriach ein Heimatmuseum eingerichtet

und freut sich über jeden Besucher. Zur Begrüßung spielt er auf seiner Mundharmonika stets das Kärntnerlied „Kemmt's lei eina in die Stubn" (also: Kommt nur herein in die Stube). Gemeinsam zieht es uns trotz der musikalischen Einladung rasch ins Gelände – nach Wulzentratten.

Die Ortschaft südlich von Weißbriach besteht nur mehr aus einem einzigen Haus. Im 16. und 17. Jahrhundert hat hier noch der Bär gesteppt. In 28 Stollen wurde Golderz abgebaut und vor Ort in einem Pocher und in einer Schmelze verarbeitet. Daran erinnert die einsame Ruine eines Berghauses. Die Überreste der anderen Gebäude sind verschwunden. Wie die historischen Raitbücher (Rechnungsbücher) belegen, wurde an mehreren Stellen im Gitschtal von unterschiedlichen Gewerken eine ordentliche Menge Golderz gefördert. Anno 1580 waren es insgesamt 45 827,5 Kübel beziehungsweise – in aktuellen Maßeinheiten – 3 868,437

Tonnen. Was den tatsächlichen Goldgehalt des Gesteins betrifft, sind wir auf Schätzungen angewiesen. Bei der eher niedrig angesetzten Annahme von 3 Gramm pro Tonne kommt man immerhin auf eine Jahresmenge von mehr als 11 Kilogramm Edelmetall.

Der Segen währte jedoch nicht lange. Gegen Ende des 18. Jahrhunderts wurden die letzten Goldminen im Gitschtal stillgelegt. Den Anfang vom Ende soll laut der Sage vom verwunschenen Bergwerk schon der Dreißigjährige Krieg (1618–1648) eingeläutet haben: „Damals flüchteten viele Protestanten in die Alpenländer. Einige Knappen kamen bis Weißbriach und suchten hier Schutz vor den Verfolgern. Sie begannen, Bergbau auf Gold zu treiben und gruben einen tiefen Stollen. Der Bergbau war sehr ergiebig, doch dauerte es nicht lange, und die Verfolger erreichten sie und nah

Unerschrockene können im rekonstruierten Herkulestempel heiraten.

men alle Knappen gefangen. Das Todesurteil wurde über sie verhängt, doch wurde ihnen vor der Vollstreckung die Bitte gewährt, noch einmal in den Stollen zu fahren. Das taten die Knappen und verwünschten den Berg, so dass er kein Gold mehr lieferte.“

Ein Hügelgrab?

Fehlanzeige.
Nun wird das Loch,
das die Archäologen
hinterlassen haben,
als Badeteich genutzt.

In Weißbriach hat man mittlerweile eine andere Geldquelle gefunden: Seit dem Ersten Weltkrieg wird das schwefelhaltige Wasser, das im Ort aus dem Boden sprudelt, für Kneippkuren genutzt. Die neue Attraktion teilt sich mit der alten das Wappen der Gemeinde Gitschtal – es besteht links aus dem Bergwerkszeichen und rechts aus einem silbernen Kreuz auf blauem Grund, das die Heilkraft der Quelle symbolisieren soll. Leider ist kein Platz mehr für die Mundharmonika, die Museumsbetreiber Strömpfl zum Abschied zückt. Er spielt „Muss i denn zum Städtele hinaus".

Ruine des Berghauses in Wulzentratten.

Die „Grube" ist der Schacht eines alten Bergwerks bei Weißbriach.

Hermann Strömpfl betreibt nicht nur das Heimatmuseum, sondern musiziert dort auch für Besucher.

LAMATREKKING ROSANNA und JOHANN KANZIAN
St. Daniel 41
9635 Dellach/Gail
www.lamatrekking.at

ARCHÄOLOGISCHER PARK GURINA
9635 Dellach/Gail
gurina.dellach.at

Die Rekonstruktionen des Herkulestempels und der Gräber aus der Hall-stattzeit sind zwar das ganze Jahr über frei zugänglich, wegen der exponierten Lage wird ein Besuch in den Wintermonaten aber schon wegen der Straßenverhältnisse nicht empfohlen. In Monaten ohne Schnee und Eis ist die Zufahrt problemlos möglich. Im Ortszentrum von Dellach biegt man östlich des Dellacher Baches von der Gailtal-Bundesstraße Richtung Norden ab. Der gut beschilderte Weg führt am Heldenfriedhof vorbei bis zu einer Kreuzung mehrerer Hofzufahrten, wo sich ein Parkplatz befindet. Von hier aus geht's nur zu Fuß weiter. Bis zur Gurina sind es noch zirka 15 Minuten Gehzeit. Der erste Teil des ebenfalls gut markierten Waldweges kann für ungeübte Wanderer anstrengend sein, gutes Schuhwerk ist unbedingt erforderlich.

GEOPARK KARNISCHE ALPEN
9635 Dellach/Gail 65
www.geopark-karnische-alpen.at

Das Besucherzentrum mit einer Ausstellung ausgewählter Fossilien und Gesteine sowie mit Animationen und Filmpräsentation, die 500 Millionen Jahre Erdgeschichte im Zeitraffer zeigen, ist von Mitte Mai bis Mitte Oktober geöffnet (in den Sommerferien Montag bis Samstag von 9 bis 16 Uhr, sonst Donnerstag bis Samstag von 10.30 bis 15.30 Uhr). Gegen Voranmeldungen sind Besuche und Führungen auch außerhalb dieser Zeiten möglich.

HEIMATMUSEUM
Gästehaus Strömpfl
9622 Weißbriach 40

Hermann Strömpfl führt Gäste von 20. Mai bis 30. Oktober jeden Mittwoch um 10 Uhr durch seine Sammlung. Für individuelle Termine kann man ihn gerne telefonisch kontaktieren: 0676/330 71 36.

RUND UM DIE HUNDSKIRCHE

Drautal (Kärnten)

Man könnte die Situation auch gruselig oder – ganz modern – spooky nennen. Beides finden wir nach Abwägung der Stimmungslage unpassend und entscheiden uns für „unheimlich". Das trifft die unzähligen offenen Fragen und die schwingungstechnische Bandbreite am besten, obwohl wir bekennende Nicht-Esoteriker sind. Aber sogar uns fällt auf, dass die sogenannte Hundskirche zwischen den Dörfern Kreuzen und Boden in der Kärntner Gemeinde Paternion ein Ort ist, an dem sich Himmel und Hölle gefährlich nahe kommen.

Der Name täuscht. Diese Kirche ist kein Gebäude, sondern ein riesiger 21 Meter breiter dreieckiger Felsen, der unmittelbar neben der Straße bis zu 13 Meter in die Höhe ragt. Er diente Gläubigen zur Zeit des Geheimprotestantismus im 17. und 18. Jahrhundert als Versammlungsort und ist übersät mit mysteriösen Zeichnungen und Inschriften. Die Datierung der Darstellungen fällt Forschern ebenso schwer wie ihre Interpretation. Eine Inschrift – „CRUES" als Abkürzung für Conrad Rues – ist ein Hinweis darauf, dass dieser Platz für evangelische Gläubige schon vor der 1576 einsetzenden Gegenreformation eine gewisse Bedeutung hatte. Conrad Rues war um 1555 Pfarrer in Paternion und einer der ersten protestantischen Prediger in Kärnten. Man vermutet, dass er den Ort durch das Anbringen seines Namens evangelisch „gemacht" hat.

Der markante Felsen wird Hundskirche genannt.

Ihren Namen hat die Hundskirche von einem in Stein gehauenen Hund auf der Ostseite des Felsens, der einen Kirchturm trägt. Das Tier könnte, so die gängigste Erklärung, für den später von den Katholiken heiliggesprochenen Petrus Canisius stehen (*canis*, lateinisch für Hund). Der Jesuit war als Vorkämpfer der Gegenreformation eine Bedrohung für die evangelische Kirche, die durch den Turm dargestellt sein dürfte. Die meisten Forscher, die sich bisher mit den Zeichnungen beschäftigt haben, sehen außerdem einen Zusammenhang mit der regen Suche nach Bodenschätzen in der Umgebung. Darauf weist das seit dem 16. Jahrhundert gängige Bergbausymbol der gekreuzten Werkzeuge Schlägel und Eisen hin, das auf der Westseite des Felsens zu sehen ist.

Möglicherweise war die Hundskirche – parallel zur Nutzung in Glaubensangelegenheiten – ein Freigrüblerstein. Das klingt nach unserer Tätigkeit beim ratlosen Betrachten der Zeichnungen und Inschriften (Grübeln im Freien), hat aber in Wahrheit natürlich eine ganz andere Bedeutung: Als Freigrübler bezeichnete man Menschen, die nicht als Mitarbeiter einer regulären Mine, sondern auf eigene Faust nach Gold, Silber & Co. schürften. Sie könnten den Felsen zum Notieren von heute nicht mehr identifizierbaren Hinweisen oder Karten genutzt haben. Beim markanten Relief einer gekrönten Schlange auf der Westseite soll es sich um ein uraltes Zeichen aus dem Bergbau handeln, allerdings gibt es für dafür eine ebenso plausible Erklärung im Zusammenhang mit dem Geheimprotestantismus. Das Reptil könnte einen Herrscher symbolisieren, der Angehörige des evangelischen Glaubens verfolgt.

DAS SEIFENGOLD VON TRAGIN

Wir folgen der Bergbauspur, die in dieser Gegend – unabhängig von den Spekulationen über einen Zusammenhang mit der Hundskirche – eine heiße ist. Ganz in der Nähe, in Tragin bei Feistritz an der Drau, befand sich eines der bedeutendsten Seifen- beziehungsweise Waschgoldvorkommen Österreichs. So nennt man die Ablagerungen kleiner Edelmetallpartikel entlang von Bächen, Flüssen und in Geröllbänken. Wo das Gold herkommt, haben Experten nie restlos klären können. Tatsache ist: Es war da. Und zwar in verhältnismäßig rauen Mengen. Vor allem entlang des Weißenbaches und seiner Zuflüsse wurde über mehrere Jahrhunderte hinweg professionell Gold gewaschen.

Die Spuren sind, wenn man sie zu deuten weiß, gewaltig. Auf den schwer zugänglichen Geländeterrassen oberhalb des Weißenbaches gleicht der Waldboden einer Kraterlandschaft. Zum Glück sind das grüne Moos

*Pingen wie diese
entstehen, wenn im
Untergrund alte Stollen
zusammenbrechen.*

*Am und im Weißen-
bach tummelten sich
möglicherweise schon
vor 2000 Jahren
Goldwäscher.*

*Der goldhältige Schotter
wurde auch unter
Tage, also in Stollen,
abgebaut.*

Mauerreste des Gold-waschwerkes.

Der Abbau hat in der Landschaft deutliche Spuren hinterlassen.

und die Bäume da – wir würden uns sonst auf dem Mond wähnen. Eine Pinge reiht sich an die nächste. Die vielen trichterförmigen Vertiefungen sind durch den Einsturz darunterliegender alter Stollen entstanden. Stopp! Das ist der Zeitpunkt, an dem aufmerksame Leser irritiert sein sollten: Stollen zum Goldwaschen?! Will uns da jemand einen Goldbären aufbinden?

Nein. Die Stollen wurden gegraben, um an den unterirdischen und ebenfalls goldhältigen groben Schotter zu gelangen. „Vorgewaschen", also grob getrennt, wurde er noch im Berg, wofür in einigen Gängen eigene künstliche Wasserläufe angelegt wurden. Diese Informationen verdanken wir dem Geologen, Montanisten und späteren Kärntner Berghauptmann Richard Canaval, der Teile der damals bereits stillgelegten Anlagen Ende des 19. Jahrhunderts befahren und seine Beobachtungen publiziert hat. Er berichtet von „glaubwürdigen Personen", die ihm versichert hätten, in das Stollensystem „über eine Stunde vorgedrungen zu sein", ohne deren Ende erreicht zu haben.

Wir finden nur mehr einen Stollen, gleich neben den Ruinen eines Waschwerks. In dieser Anlage landeten Schotter und Sand auf Rinnen, die so konstruiert waren, dass sie die schweren Goldflitter auffingen. Das klingt einfach, war aber ein hochkomplexer Vorgang. In ihren Grundzügen wurde diese Technik bereits in der Antike praktiziert. Nach Tragin könnte sie mit den Römern gekommen sein, glauben Canaval und andere. Sie schließen das aus Münzfunden in der Umgebung von Feistritz. Obwohl diese Vermutung durchaus plausibel ist, fehlen bis heute konkrete archäologische Beweise.

Urkundlich erwähnt wird das Goldwaschen am Weißenbach erst 1517, da allerdings an prominenter Stelle: in der von Kaiser Maximilian I. erlassenen Bergordnung. Das „waschwerch des Goldärz in der Grafschaft Ortenburg gelegen auf dem pach Feystritz ob Villach" dürften damals schon länger und vor allem ertragreich in Betrieb gewesen sein. 1538 kommt es auch bei einer Abhandlung über den Kärntner Bergbau vor, die ein richtiger „Promi" verfasst hat. Autor war der im rund 20 Kilometer entfernten Villach geborene Arzt und Alchemist Theophrastus Bombastus von Hohenheim, der vor allem unter seinem Beinamen Paracelsus bekannt geworden ist.

Über Details schweigen sich die Chronisten und die meisten ihrer Nachfolger leider aus. Bis ins 16. Jahrhundert, so die spärlichen Überlieferungen, hat der Abbau von Gold in Tragin geboomt, bevor er Anfang des 18. Jahrhunderts vorübergehend zum Erliegen kam. 1833 wurde der Betrieb – unter wechselnden Eigentümern – wieder aufgenommen. Der Abbau des Schotters in den Stollen erfolgte trotz des allgemeinen technischen Fortschritts ausschließlich von Hand mit Bergeisen und Keilen. Sprengmittel konnten in dem porösen und zu Instabilität neigenden Konglomeratgestein nicht verwendet werden.

Um noch mehr Gold aus Sand und Schotter zu gewinnen, setzte man verstärkt Quecksilber ein. Die dadurch freigesetzten Giftstoffe und Probleme bei der Lagerung des tauben (wertlosen) Materials sorgten für Probleme mit der Bevölkerung, die den Bergbau deshalb zunehmend boykottierte und behinderte. Die frühen Umweltschützer, die man damals natürlich noch nicht so nannte, brachten die Betreiber der Mine und des Waschwerkes wirtschaftlich in Bedrängnis. 1868 betrug die jährliche Produktion 2 300 Gramm, 1869 waren es nur mehr 21 Gramm. Damit war das Aus für die Goldwäscher von Tragin besiegelt. Seither erobert die Natur die Stollen und Mauern zurück. Bald werden sie ganz verschwunden sein.

DIVERSE MEILENSTEINE

Wenn man der Drau flussaufwärts folgt, wäre man im Mittelalter spätestens bei Sachsenburg auf die nächsten Goldwäscher gestoßen. Die Marktgemeinde hat diesem Gewerbe vielleicht sogar ihren Namen zu verdanken. Als Saxe wurde im Mittelalter eine spezielle Vorrichtung zum professionellen Goldwaschen bezeichnet. Ein erhalten gebliebenes Exemplar ist im Museum für Volkskultur im Schloss Porcia in Spittal/Drau ausgestellt. Wie in Tragin gilt: Möglicherweise (aber eben nicht belegbar) haben in Sachsenburg schon die Römer Gold gewaschen. Ihre legendäre Nord-Süd-Verbindung, die Via Julia Augusta, führte hier vorbei. Ein Meilenstein aus dieser Zeit ist auf eine etwas kurios anmutende Art und Weise im Nachbarort Möllbrücke ausgestellt. Das Fundstück steht – wie eh und je – im Freien, ist nun aber durch eine kleine Dachkonstruktion vor Witterungseinflüssen geschützt. Süß!

Nicht ganz so nett endete unsere Spurensuche am anderen Ende von Möllbrücke. Der Fotograf hatte Informationen über eine angebliche Römerhöhle aufgetrieben, die Reisenden in der Antike als sicherer Zufluchtsort am Ufer des Möll-Flusses gedient haben soll. Bei unserem Lokalaugenschein stellte sich heraus, dass es eine in der Tat absolut sichere Location ist: Wer in die Römerhöhle gelangen will, muss zunächst ein etwa 6 Meter hohes Steilstück hinaufklettern. Oben angekommen, entpuppt sich die Höhle als Menschenwerk. Es handelt sich wohl um einen irgendwann in den vergangenen 2000 Jahren in den Berg getriebenen Versuchsstollen. Die Suche nach Bodenschätzen endete hier wahrscheinlich ebenso ruhmlos wie unsere Recherche. Einziger Höhepunkt war ein Ausrutscher des Fotografen beim Abstieg, nach dem er – sich mit beiden Händen an einem schrägen Baumstamm festklammernd – plötzlich 3 Meter über dem Erdboden schaukelte.

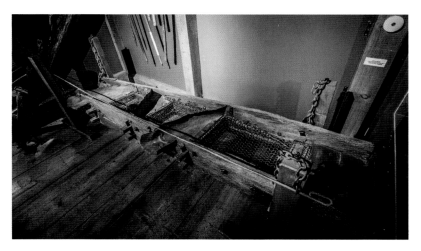

Diese Vorrichtung zum Goldwaschen nannte man Saxe.

Zurück zu den tatsächlichen Spuren des Goldbergbaus. Sein Zentrum im oberen Drautal war spätestens ab dem 14. Jahrhundert die Ortschaft Steinfeld als Sitz des Berggerichts für den Raum zwischen der Stadtgrenze von Villach im Osten und Lienz im Westen. Hier residierten außerdem die mehr oder weniger wohlhabenden Betreiber der Goldbergwerke, die sich südlich und nördlich des Flusses sowie rund um das mit gutem Grund so benannte Goldeck bei Spittal befanden. Auf diese Unternehmer geht die Errichtung der zahlreichen zum Teil bis heute erhaltenen repräsentativen Gebäude mit ihren meist gotischen Gewölben und ersten Elementen im Stil der Renaissance zurück. Dass es in Steinfeld dennoch nicht immer vornehm zuging, zeigt ein Blick in die Aufzeichnungen des Berggerichts. Sie besagen, dass ein Großteil der zum Beispiel 1529 eingehobenen Strafen wegen Raufereien unter Knappen verhängt worden waren.

Links: Der römische Meilenstein in Möllbrücke.

Rechts: Blick aus der vermeintlichen Römerhöhle, die wohl eher ein Versuchsstollen war.

TEURES „GESCHREI" UMS GOLD

1544 begann der legendäre Goldrausch von Lengholz. In unmittelbarer Nähe der östlich von Steinfeld gelegenen Ortschaft war man auf goldhältigen Gneis und Arsenkies führende Quarze mit Freigoldanteilen gestoßen. Hunderte neue Gruben entstanden. Die leichte Erreichbarkeit des Gebietes und die gute Anbindung an die damaligen Verkehrswege

ließ die Gewerken frohlocken, die natürlich an einem möglichst effizienten Abbau interessiert waren. Gleichzeitig griff der Staat fröhlich zu. Die Behörden des Habsburgerreiches verdoppelten den Wechsel (die Abgabe), der vor dem Verkauf pro Mark (281,378 Gramm) Silber oder Gold von den Unternehmen zu entrichten war. Dagegen protestieren die Gewerken in einem Schreiben an Kaiser Ferdinand I., in dem die Aufbruchsstimmung anschaulich geschildert wird. Es ist die Rede von einem „geschrei, als wär alles voll goldes".

Der Lengholzer Goldrausch währte nur kurz. Schon nach 50 Jahren war hier nur mehr eine Grube in Betrieb. Wir fragen uns, ob davon noch etwas zu sehen ist, und treffen zum Glück Florian Brunner, einen jungen Mann aus Lengholz, der sich schon länger mit den Bergbauspuren in der Nähe seines Heimatortes beschäftigt. Er bringt uns mit seinem klapprigen Fiat Punto in einem abenteuerlichen Tempo über eine Forststraße in den Hang nördlich des Dorfes. Nach einer kurzen Kletterpartie stehen wir staunend vor tatsächlich noch nicht verstürzten Stollen aus dem Spätmittelalter.

Die in das Gestein geschlagenen Gänge sind – wie überall bis zum ersten Einsatz von Schießpulver als Sprengstoff Ende des 17. Jahrhunderts – in harter Handarbeit entstanden. Die Methoden waren von der Beschaffenheit des Gesteins abhängig. Wenn es nicht mit der Keilhaue weggebrochen werden konnte, mussten die Knappen zu Schlägel und Eisen greifen. Das an einem Ende spitz zulaufende Eisen wurde als Meißel

Florian Brunner führte uns zu den Stollen aus der Zeit des Lengholzer Goldrausches.

Deutlich zu sehen: die Spuren der harten Handarbeit mit Schlägel und Eisen.

benutzt, auf den sie mit dem Schlägel schlugen. Dabei entstanden Muster, die sogenannten Schrämmspuren, die man nach wie vor in alten Stollen sieht.

Wenn das Gestein noch härter war, wurde mechanisch „gesprengt". Die Knappen schlugen Spalten in den Fels. Zwischen sie trieben sie Eisenkeile, bis der Druck größere Teile aus der Wand brechen ließ. Langwieriger verlief das Feuersetzen, bei dem es sich um die älteste Bergbautechnik überhaupt handeln dürfte. Dabei wurde im Stollen ein möglichst großes Feuer entzündet. Die Hitze und die spätere Abkühlung machten das Gestein mürbe und ließen Risse entstehen, was den weiteren mechanischen Abbau erleichterte. Wegen der Rauchschwaden musste die Arbeit in der gesamten Grube unterbrochen werden, so lange das Feuer brannte. Deshalb blieb das Feuersetzen eher kleineren Minen vorbehalten. Gerhard Finding, Leiter des Bergbaumuseums in Klagenfurt, hat die Technik einmal ausprobiert. Sein Fazit: „Viel Rauch, viel Hitze, aber bewegt hat sich nichts."

CONCHITA WURST AM KREUZ

Nach dem Hype im 16. Jahrhundert ging der Bergbau rund um Steinfeld kontinuierlich zurück. 1849 und 1850 förderte in der Siflitz, einer Gegend südwestlich des Goldecks, noch 1,2 Kilogramm Gold. 1930 wurde das letzte Bergwerk, es befand sich auf dem Fundkofel in Oberdrauburg, stillgelegt. Vom zumindest anfangs reichen Bergsegen zeugen bis heute zahlreiche Kunstwerke. „Wo Wohlstand war, gab es auch Mäzene, die Kunst für die Kirchen stifteten", schreibt die Historikerin Claudia Fräss-Ehrfeld über die Geschichte von Steinfeld. Also fahren wir nach Gerlamoos.

Die Kirche des Dorfes, das zur Gemeinde Steinfeld gehört, beherbergt eines der bedeutendsten Kunstwerke Kärntens: die im 15. Jahrhundert entstanden Fresken, die in einer europaweit einzigartigen Ausführlich-

keit die Legende vom Leben und Sterben des heiligen Georg zeigen. Ihr Schöpfer, den man Meister Thomas von Villach nennt, gilt als bedeutendster österreichischer Freskenmaler der Spätgotik. Ebenfalls Seltenheitswert besitzt die Darstellung der „heiligen Kümmernis" am Altar unter der Empore. Die Dame ist eine

Die heilige Kümmernis.

fiktive Volksheilige aus dem späten Mittelalter, die als gekrönte Frau mit Bart am Kreuz gezeigt wird. Ihre Legende ist so kurios wie ihr Name: Die heilige Kümmernis soll eine zum Christentum bekehrte Tochter eines heidnischen Königs gewesen sein. Als dieser sie mit einem anderen Heiden verheiraten wollte, betete sie um Erlösung. Daraufhin wuchs ihr ein Bart. Der erboste Vater ließ die junge Frau deshalb kreuzigen.

Die Amtskirche war von der Story nie besonders angetan gewesen und hat mittlerweile so gut wie alle Darstellungen der heiligen Kümmernis aus österreichischen Gotteshäusern entfernt. Nur das Kreuz aus dem 18. Jahrhundert in Gerlamoos durfte hängen bleiben, vermutlich hat man es wegen der Abgeschiedenheit des Ortes einfach vergessen. Mittlerweile ist es prominent: Die Ähnlichkeit mit Song-Contest-Gewinner(in) Conchita Wurst ließ die heilige Kümmernis aus Kärnten 2014 und 2015 durch die Medien geistern. In unser Buch passt die Volksheilige wegen ihres goldenen Schuhs, den sie in Gerlamoos einem Geiger zuwirft. Es ist die Adaption einer alten Spielmannslegende: Der Geiger hat, weil er vor dem Bild spielte, von der Gekreuzigten schon den ersten goldenen Schuh erhalten. Man glaubte ihm aber nicht und bezichtigte ihn des Diebstahls, weshalb sie ihm schließlich auch den zweiten zuwarf.

„Also können wir jetzt gehen", sagt der Fotograf, nachdem ich ihm im Angesicht der heiligen Kümmernis diese Geschichte erzählt habe. „Sie hat alle Schuhe verteilt."

INFO & KONTAKT

HUNDSKIRCHE

Der denkmalgeschützte Felsen mit den Zeichnungen und Inschriften befindet sich zwischen Boden und Kreuzen nur wenige Meter südlich der Farchensee-Landesstraße (L 34). Man kann direkt an der Straße parken. Um zur Hundskirche zu gelangen, muss man den Moschbach überqueren, der aber nicht immer Wasser führt.

MUSEUM FÜR VOLKSKULTUR
Schloss Porcia
Burgplatz 1
9800 Spittal/Drau
www.museum-spittal.com

Ein Raum des Museums ist dem Goldbergbau in Oberkärnten gewidmet. Ausgestellt werden unter anderem eine Saxe, eine kleiner Schmelzofen und zahlreiche Werkzeuge. Das Museum ist von Mitte April bis 26. Oktober täglich von 9 bis 18 Uhr geöffnet. Von 27. Oktober bis Mitte April kann man es von Montag bis Donnerstag jeweils zwischen 13 und 16 Uhr besuchen. Führungen für Gruppen mit mehr als 15 Personen sind gegen Voranmeldung auch außerhalb der Öffnungszeiten möglich.

IM ZENTRUM
Mölltal (Kärnten)

Man muss über kein besonders ausgeprägtes Feingefühl für die deutsche Sprache verfügen, um den Namen etwas seltsam zu finden: Oberstbergmeisteramt. Warum hat Ober nicht gereicht? War das Oberstbergmeisteramt gar nicht das oberste, sondern nur höher als das Oberbergmeisteramt und niedriger als das Zualleroberstbergmeisteramt? Gibt es Steigerungsstufen von super? Superer, am supersten?

Natürlich hat es nie ein Zualleroberstbergmeisteramt gegeben. Die oberste „innerösterreichische" Bergbaubehörde war von Anfang des 16. bis Ende des 18. Jahrhunderts das Oberstbergmeisteramt, das tatsächlich so hieß. Es befand sich allerdings nicht in Wien oder einer anderen Stadt, sondern im Markt Obervellach im Kärntner Mölltal. Mit gutem Grund: Als die Behörde ins Leben gerufen wurde, war die Ortschaft das Zentrum der bedeutendsten Bergbauregion im Habsburgerreich.

Die Erfindung des Oberstbergmeisteramtes geht auf Kaiser Maximilian I. zurück, der von 1493 bis 1519 regierte. Er war „nebenberuflich" Großmeister des Ritterordens vom Goldenen Vlies. Der Name dieses

128

Für die behutsame Kombination aus neuer Funktion und alter Substanz wurden die Besitzer des Oberstbergmeisteramts vom Bundesdenkmalamt ausgezeichnet.

Wie lange noch? Die Inschriften an der Wand der ehemaligen Gefängniszelle zeugen vom langen Warten auf die Freiheit.

Die spätgotischen Tore im Innenhof des Rathauses stammen aus der Blütezeit des Goldbergbaus.

exklusiven Clubs für Mitglieder des Hochadels geht auf eine Sage aus der griechischen Mythologie zurück, in der das Vlies für das Fell eines fliegenden goldenen Widders steht. Ursprung der Überlieferung ist ein Detail der uralten Suche nach Bodenschätzen: Schon lange vor den Griechen hat man Felle zum Goldwaschen verwendet.

KONTROLL- UND REGULIERUNGSBEHÖRDE

Bei der von Maximilian initiierten Neuordnung des heimischen Bergwerkswesens dürfte diese interessante Parallele aber keine Rolle gespielt haben. Ausschlaggebend waren vielmehr knallharte wirtschaftliche Gründe. Der hoch verschuldete Kaiser brauchte dringend Geld. Also musste eine funktionierende Aufsicht über den Bergbau und vor allem über die Abgaben her, die aus den Erlösen an ihn zu entrichten waren. Das geht deutlich aus den detailliert überlieferten Aufgaben von Lamprecht Zäch hervor, der ab 1509 als erster Oberstbergmeister in Obervellach amtierte.

Er übte weitreichende Kontrollfunktionen aus. Neben der Inkasso-Überwachung im Auftrag der Krone war der Oberstbergmeister eine Art Regulierungsbehörde. Zäch und seine Nachfolger hatten dafür zu sorgen, dass die Entlohnung der Knappen und Arbeiter nicht willkürlich erfolgte und festgelegte Tarife eingehalten wurden. Außerdem galt ihr Augenmerk den verwendeten Messeinheiten und der Einhaltung der gesetzlich geregelten Normen. Ein weiterer Teil der erhalten gebliebenen „Job Description" zeigt, wie chaotisch der Staat damals organisiert war. Der Oberstbergmeister sollte eruieren, an welchen Gruben der Kaiser selbst als Gewerke Anteile besaß, damit diese Beteiligungen nicht in Vergessenheit geraten oder dem Herrscher gar „entzogen" werden konnten.

Schlussendlich hat die Behörde die Monarchie überlebt – zumindest als Gebäude. Die historischen Mauern im Zentrum von Obervellach befinden sich mittlerweile zwar in Privatbesitz, werden aber nach wie vor stolz Oberstbergmeisteramt genannt. Das Haus mit seinem wunderschönen überdachten Arkadenhof im Stil der Renaissance beherbergt heute die örtliche Tourismusinformation, ein Café und elf Ferienappartements. Beeindruckend ist die gelungene Kombination der denkmalgeschützten Substanz mit der modernen Funktionalität. Dazu zählen zum Beispiel der Verhandlungssaal (das Amt war gleichzeitig das Berggericht), der nun als Seminarraum dient, und das Appartement, das die frühere Gefängniszelle einschließt. Wer sich hier einmietet, kann in aller Ruhe studieren, was die Häftlinge einst in die Wände geritzt haben. Die Zeichnungen und Inschriften sind erhalten geblieben und jetzt hinter Glas vor „Ergänzungen" durch mitteilungsbedürftige Urlauber geschützt.

DIE ERSTE SOZIALVERSICHERUNG

Nach einer Pause im Oberstbergmeisteramt – im Café, das wir der Gefängniszelle vorgezogen haben – spazieren der Fotograf und ich auf die andere Seite des Hauptplatzes. In der Tourismusinformation hat man uns den Tipp gegeben, dass wir uns im Innenhof des Rathauses unbedingt die drei spätgotischen Kielbögen-Tore anschauen sollten. Das Gebäude stammt ebenfalls aus der Blütezeit des Bergbaus. Hier residierte einst die Gewerkenfamilie Schlaminger, die Abbaue in der Umgebung des Ortes und im Teuchltal betrieb. 1580 geriet sie allerdings in arge finanzielle Schwierigkeiten und musste das Haus an die Obervellacher Bürgerschaft verkaufen. Seither ist es das Verwaltungszentrum des Marktes.

Schulden hatten die Schlaminger vor allem bei der Vellacher Bruderschaft. Sie war so etwas wie die Sozialversicherung der Knappen: Jeder zahlte von seinem Lohn einen bestimmten Anteil in eine Truhe, die sogenannte Bruderlade, ein. Unternehmer hatten ebenso einen fixen Beitrag zu leisten. Mit dem Geld wurde die medizinische Betreuung verunglückter oder erkrankter Bergleute bezahlt. Außerdem kam die Bruderschaft im Todesfall für die Bestattung auf und unterstützte die Witwen und Waisen von Knappen. Wenn es etwas zu feiern gab, übernahm die Gemeinschaftskasse die Kosten für Speisen und Getränke. Im erhalten gebliebenen Vellacher Bruderschaftsbuch ist deshalb unter anderem die Rede von „prott und khäß". Zusammenschlüsse dieser Art gab es ab dem Spätmittelalter in allen großen Bergbaugebieten. Eine re-

Wie die Bergleute im Mittelalter gelebt haben, wird im Goldgräberdorf Heiligenblut gezeigt. Auf dem Schemel in der Mitte ist eine Bruderlade zu sehen.

konstruierte Bruderlade wird im Freilichtmuseum „Goldgräberdorf" in Heiligenblut ausgestellt.

Nicht nur Obervellach, sondern das gesamte Mölltal zwischen Großglockner und Drautal war vom 14. bis zu Beginn des 17. Jahrhundert ein wahrscheinlich europaweit einzigartiger Hotspot in Sachen Bergbau. Man kann durchaus von einem Goldrausch sprechen. Zu Spitzenzeiten waren bis zu 3 500 Menschen mit der Suche nach Gold und Silber sowie dem Abbau der Erze und deren Verarbeitung beschäftigt. Es gab mehrere Hundert Bergwerke, allein im Zuständigkeitsbereich des zweiten Mölltaler Berggerichts in Großkirchheim ist zwischen 1531 und 1546 die Rede von 927 neuen Gruben und Waschwerken. Mitte des 16. Jahrhunderts wurden in Innerösterreich, also in den damaligen Herzogtümern Steiermark, Kärnten, Krain und in den habsburgischen Besitzungen an

Der Danielsberg wacht über das untere Mölltal.

Einen Steinwurf vom ehemaligen römischen Herkulestempel entfernt, kann man jetzt im Herkuleshof gut essen, trinken und nächtigen.

der oberen Adria, jährlich rund 120 Kilogramm Gold gewonnen. Ein Großteil davon kam aus dem Mölltal.

OPFERGABEN IM WANDEL DER ZEIT

Die Anfänge des Bergbaus in der Region liegen – wie fast überall in Österreich – im Dunkeln. Der markante kegelförmige Danielsberg westlich von Kolbnitz im unteren Mölltal dürfte schon um 4000 v. Chr. besiedelt gewesen sein und als Kultstätte gedient haben. Ein etwa 5 mal 5 Meter großer Felsen auf seinem Gipfel, der rund 300 Meter über dem Talboden liegt, entpuppte sich bei einer Untersuchung Anfang des 20. Jahrhunderts als Schalenstein. In ihn sind sechs jeweils mehrere Zentimeter große gleichmäßige Vertiefungen eingearbeitet. Möglicherweise wurden

Die Schalensteine geben Forschern bis heute Rätsel auf.

Spuren alter Goldstollen findet man zum Teil unmittelbar neben der Großglockner-Hochalpenstraße.

Die Ausstellung auf der Kärntner Seite des Hochtors zeigt unter anderem die Ausrüstung eines 1793 ums Leben gekommenen Goldgräbers.

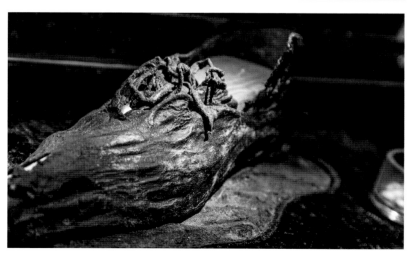

Der Putzenhof wurde von den einst bedeutendsten Gewerken des Mölltals errichtet. Heute beherbergt er ein Restaurant und eine Ausstellung über den Goldbergbau.

Ein um 1745 entstandenes Ölgemälde zeigt den Bergbau auf der Goldzeche. Im Vordergrund ist am Ufer des Zirmsees der Gewerke Johann Ignaz Jenner mit reicher Jagdbeute dargestellt.

hier in vorchristlicher Zeit Opfer dargebracht. In der Gegenwart ist das jedenfalls wieder der Fall. Als uns Hannes Viehhauser, der Wirt des Gipfelgasthauses Herkuleshof den Stein zeigt, liegen in den Vertiefungen Münzen und ein Armreifen. Der Gastronom hat eine Wünschelrute mit, obwohl er für Esoterik nicht besonders anfällig ist, wie er betont. Wir sind es noch viel weniger und schauen deshalb doppelt blöd drein, als die Wünschelrute zuerst in Viehhausers Händen, dann aber auch in unseren genau über den Schalen ausschlägt.

Der Wirt sammelt das Geld ein und wirft es in den Opferstock des Kirchleins, das ein paar Meter weiter unmittelbar auf dem Gipfel thront. Es steht auf den Resten eines römischen Herkulestempels, womit nun klar ist, woher das Gasthaus ums Eck seinen Namen hat. Vielleicht haben hier schon Kelten und Römer mit Gold gehandelt und es in der Umgebung sogar abgebaut. Historisch nachweisbar ist das nicht, allerdings liegt die Vermutung nahe, dass die Menschen der Antike das Edelmetall sicher „eingesammelt" haben, wenn es in der Form von Freigold im Gebirge oder von Nuggets in Bächen sichtbar war.

Im Mölltal herrschte jedenfalls schon in der Antike ein reger Reiseverkehr, Römer und Kelten kamen durch, wenn sie über die Alpen nach Norden wollten. Heute kennt man die Route nach Salzburg als Großglockner-Hochalpenstraße. Ihr Scheitelpunkt war und ist das Hochtor in 2504 Meter Seehöhe, wo sich in vorchristlicher Zeit ein Passheiligtum befand. Davon zeugen bei Ausgrabungen entdeckte keltische und römische Münzen, die an der Stelle wohl aus Dankbarkeit über den bewältigten Anstieg geopfert wurden. Sie sind mit weiteren Funden Teil einer sehenswerten Ausstellung auf der Kärntner Seite des Hochtors.

Dazu gehört der Mölltaler Ötzi. Der „Star" der Schau ist zwar um einiges jünger als der in der späten Jungsteinzeit verstorbene berühmte Mann aus dem Eis, sieht aber nicht viel besser aus. Es handelt sich um die Überreste eines Goldgräbers, der um 1793 im Bereich des Altecks ums Leben gekommen ist. Er verunglückte beim Überqueren eines Gletschers. Erhalten geblieben sind neben seinen Gebeinen unter anderem die genagelten Lederschuhe. An ihnen waren Harscheisen zum Auf- und Absteigen über Schneefelder befestigt. Außerdem hatte der Mann einen Rückentragekorb – wohl zum Befördern von Erz oder Werkzeugen – und einen Ledersack bei sich.

NIEDERGANG UND NEUSTART

Zur Gänze dem Tauerngold ist eine weitere sehenswerte Ausstellung gewidmet, die sich im Putzenhof in Großkirchheim befindet. Er wurde zwischen 1570 und 1590 von der aus Augsburg zugewanderten Familie Putz (später: Putz von Kirchheimegg) erbaut, deren Mitglieder zu den bedeutendsten Gewerken im Mölltal zählten. Sie waren Protestanten und ließen in Döllach, dem Hauptort der heutigen Gemeinde Großkirchheim, ein evangelisches Bethaus und einen eigenen Friedhof errichten. Beide wurden im Zuge der Gegenreformation im Jahr 1600 zerstört, die in weiterer Folge auch zum Niedergang des Bergbaus führte. Die meisten Fachleute im Montanwesen waren „lutherisch" und wollten es bleiben, weshalb sie auswandern mussten. Abbau und Verarbeitung des Edelmetalls kamen deshalb nach und nach zum Erliegen. Das war der wirtschaftliche Ruin für die „Putzen", die als Angehörige des ständischen Adels im Land bleiben durften. Sie meldeten 1620 Konkurs an.

Ausgerechnet ein katholischer Geistlicher ließ den Goldbergbau im Mölltal einige Jahrzehnte später wiederauferstehen. Mathias Jenner, Domherr zu Brixen und Pfarrer im Südtiroler Klausen, formte ab 1680 aus Bergwerken, die er in der Region kaufte, ein regelrechtes Imperium. Nach seinem Tod wurden die Geschäfte von seinem Bruder Michael und dessen Nachfahren fortgeführt. Der Aufschwung lockte weitere Investoren ins Tal, die sich noch mehr als ihre Vorgänger in der ersten Blütezeit auf die ergiebigeren hochalpinen Stollen konzentrierten. Sie lagen zumeist in einer Seehöhe von mehr als 2000 Meter. Dementsprechend abenteuerlich und gefährlich waren die Arbeitsbedingungen der Knappen.

Vergleichsweise langweilig liest sich ihr Speiseplan. Je höher das Berghaus lag, in dem die Knappen untergebracht waren, desto einseitiger fiel die Kost aus. Zum Frühstück gab es einen Brei oder einen gerösteten Sterz, der in einer gefetteten Gusseisenpfanne aus Roggenmehl, Wasser und Salz zubereitet wurde. Mittags blieb die Küche kalt, man aß Brot und Speck oder eine Scheibe kaltes gebratenes Schaffleisch. Am Abend wurden Eierteiggerichte oder ein mit heißer Butter vermengter Brei aus Bohnen, Roggen- und Gerstenmehl serviert. Das einzige Getränk war – zu allen Mahlzeiten – Wasser.

Dem geringen finanziellen Aufwand der Unternehmer bei der Verpflegung stand ein extremer beim Transport des Erzes ins Tal gegenüber. Sogar ein Schiff kam dabei zum Einsatz – mit ihm brachte man das abgebaute Gestein vom einen Ende des Zirmsees in 2500 Meter Seehöhe zum anderen. Weil die Ausbeute durch fehlende Investitionen in Aufbereitungsanlagen immer magerer ausfiel, gingen immer mehr Firmen pleite oder stellten den Betrieb einfach ein. Letzter Mölltaler Bergwerksbetreiber war im Bereich der Goldzeche bei Heiligenblut der gebürtige Schweizer Eduard Baron May de Madiis. Er schloss seine Minen 1876. Zwar schmiedete der Adelige danach unermüdlich Pläne für einen Neuanfang, jedoch wurden sie nie realisiert.

Peter Zraunig betreibt die Goldgräberhütte auf dem Mölltaler Gletscher. Zum kleinen Museum gehört auch ein Stollen, dessen Beleuchtung mittlerweile elektrisch erfolgt.

Im Stollen der Goldgräberhütte ist nur die elektrische Lichterkette neu.

Was vom Alten Pocher im Kleinen Fleißtal bei Heiligenblut übrigblieb.

Ein Pocher-Nachbau zeigt, wie das Erz zerkleinert wurde.

FRÜHER ABENTEUERLICH, HEUTE TOURISTENSICHER

Wer auf den Spuren des Goldbergbaus im Mölltal (oder touristischer gesagt: in der Kärntner Nationalparkregion Hohe Tauern) wandeln will, kann das in unterschiedlichen Schwierigkeitsgraden tun, die – je nach Ziel – eine körperliche Kondition von 0 bis 100 erfordern. Am leichtesten zu erreichen ist außer den zwei bereits erwähnten Museen, die unmittelbar an der Straße liegen, die Goldgräberhütte auf dem Mölltaler Gletscher. Sie ist nur etwa 100 Meter von der Mittelstation entfernt. Peter Zraunig, der Wirt des nahen Weißseehauses, hat dort mit viel Liebe Fundstücke aus alten Bergwerken zusammengetragen.

Schon lange vor dem Bergfex war der Goldstollen da, der neben der Hütte beginnt. Zraunig hat den Zugang abgestützt, eine elektrische Beleuchtung eingezogen und eine Abzweigung zugemauert, die im Inneren des Berges weiter in die Tiefe führt. Nun ist der Gang, der nach rund 20 Metern endet, absolut touristensicher. Das ist eine schöne Parallele zum Goldgräberdorf im Kleinen Fleißtal bei Heiligenblut. Es liegt zwar schon in 1800 Meter Seehöhe, ist aber auf einer ausgebauten Straße mit dem Auto erreichbar. Neben der historischen Ruine des Alten Pochers – dort wurde einst das abgebaute Erz zerkleinert (gepocht) – befindet sich ein Freilichtmuseum, das den Werdegang des Goldes vom Berg bis ins Schatzkästchen zeigt. Im angrenzenden Bach können sich Gäste als Goldwäscher versuchen.

Mehr Kondition braucht man bei einer Wanderung ins Große Zirknitztal, einem weiteren Zentrum des Mölltaler Goldbergbaus. Warum der Fotograf und ich ausgerechnet auf diese Tour unsere Ehefrauen und Kinder mitgenommen haben, lässt sich nicht mehr rekonstruieren. Vielleicht war es die heimliche Hoffnung, dass uns Publikum anspornen würde. Meine zu diesem Zeitpunkt zehnjährige Tochter Lucia sorgte mit ihren Anfeuerungsrufen allerdings für eine Übererfüllung dieser Erwartung. „Was soll ich da? Das bringt mir gar nix", tönte sie. Der Einwand des Fotografen, dass wir doch für ein tolles Buchprojekt unterwegs seien, überzeugte das Kind nicht. „Das ist Papas Buch, nicht meines." Irgendwie halten wir trotzdem alle bis zu unserem Ziel durch: dem Zahltisch. An diesem flachen Felsblock wurden im Spätmittelalter die Knappen entlohnt. Die Kinder waren über die historische Stätte bei der Ankunft nicht begeistert, wir hingegen schon.

Kein Kinderspiel, aber lustig: Goldwaschen im Kleinen Fleißtal.

Damit sich Halbschuhtouristen nicht erkälten, gibt's Leih-Gummistiefel.

Autor Georg Lux (links) und Fotograf Helmuth Weichselbraun bei einem von vielen Selbstversuchen.

Sollte es uns wieder einmal Richtung Großglockner verschlagen, nehmen wir die Jugend lieber „in die Teuchl" mit, die wir zuvor allein erkundet haben. Dieses Seitental des unteren Mölltales ist mit dem Auto nur über einen komplizierten Umweg erreichbar oder zu Fuß über die alte, mittlerweile für den Verkehr gesperrte Straße. Sie führt – natürlich einspurig – durch mehrere unbeleuchtete Tunnel. Handyempfang hat man hier außerhalb der Felsen weit und breit keinen mehr, trotzdem ist es empfehlenswert, ein aufgeladenes Mobiltelefon dabeizuhaben. Am Ende des Weges wartet die Ruine der Alten Schmelz, in der – nomen est omen – einst Gold- und Eisenerz geschmolzen wurde. Rundherum sind noch immer metallhältige Schlackestücke zu finden, die wir mithilfe unserer Handys schnell als solche enttarnen. Magnetische Teile wie diese lassen die Nadel des Smartphone-Kompasses verrückt spielen. Wenn das den Kindern nur halb so viel Spaß macht wie uns, wird es da keine Proteste geben.

Früher Goldbergbau-Hotspot, heute eine wunderschöne Wander-route: das Zirknitztal.

Eine spektakuläre, aber Mountainbikern und Wanderern vorbehaltene Route ist die alte Straße ins Teuchltal, die auch durch schmale Tunnel führt.

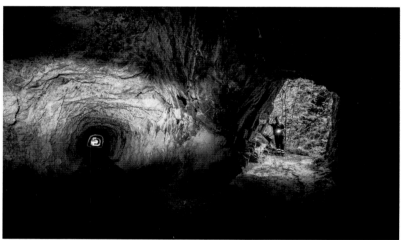

Teil der Idylle im Teuchltal sind Ruinen wie jene der Alten Schmelz. Hier wurde Erz verarbeitet. Eisenhältige und deshalb magnetische Schlackereste lassen sich mit dem Kompass eines Handys leicht enttarnen.

FERIENAPPARTEMENTS und CAFÉ OBERSTBERGMEISTERAMT
Hauptplatz 58
9821 Obervellach
www.oberstbergmeisteramt.com

Das Café ist täglich außer Sonntag von 8 bis 20 Uhr geöffnet. Im Innenhof befindet sich der Zugang zu einer multimedialen Infostelle des Nationalparks Hohe Tauern. In einem weiteren Raum erzählen Hörbilder spannende Details aus der Geschichte von Obervellach, auch der Bergbau kommt vor. Beide Ausstellungen sind täglich außer Sonntag von 9 bis 17 Uhr frei zugänglich.

HERKULESHOF AM DANIELSBERG
Preisdorf 18
9815 Kolbnitz
www.herkuleshof.com

Vom Herkuleshof, der mit dem Auto ansteuerbar ist, führt ein kurzer Fußweg weiter zu den Schalensteinen und zur Kirche auf dem Gipfel. Wer das Innere des Gotteshauses besichtigen will, erhält im Lokal den Schlüssel. Der Gasthof, der für seine Spitzengastronomie weit über Kärnten hinaus bekannt ist, hat von Donnerstag bis Sonntag und an Feiertagen geöffnet. Außerhalb der Sommermonate können die Öffnungszeiten variieren. Wer auf Nummer sicher gehen will, fragt vorher unter der Telefonnummer 04783/2288 nach.

PASSHEILIGTUM
www.grossglockner.at

Das Gebäude mit der Ausstellung über das Passheiligtum und den historischen Goldbergbau befindet sich auf der Kärntner Seite des Hochtor-Tunnels unmittelbar an der Großglockner-Hochalpenstraße. Der Eintritt ist frei. Die Öffnungszeiten decken sich mit der motorisierten Erreichbarkeit: Wenn auf der mautpflichtigen Straße der Verkehr rollt, kann man auch die Ausstellung täglich von 9 bis 17 Uhr besichtigen. Die spektakuläre Strecke ist in der Regel von Anfang Mai bis Anfang November für den Verkehr freigegeben, bei Schlechtwetter sind allerdings kurzfristige Sperren möglich.

TAUERNGOLD-AUSSTELLUNG IM PUTZENHOF
Mitteldorf 9
9843 Großkirchheim
www.putzenhof.at

Die Ausstellung ist von Mitte Mai bis Mitte Oktober täglich von 10 bis 18 Uhr geöffnet.

GOLDGRÄBERHÜTTE

Mölltaler Gletscher
9831 Flattach
www.weissseehaus.at

Das von Ende Juni bis Ende September geöffnete Museum und der dazu-gehörige Stollen sind nur mit dem Gletscher-Express, der unterirdischen Standseilbahn von Flattach auf den Mölltaler Gletscher, erreichbar. Sie befinden sich rund 100 Meter von der Gletscher-Express-Bergstation ent-fernt, die man allerdings Mittelstation nennt (weil Skifahrer hier lediglich auf andere Lifte umsteigen).

GOLDGRÄBERDORF HEILIGENBLUT

www.goldgraeberdorf-heiligenblut.at

Das Freilichtmuseum ist von 1. Juni bis 30. September täglich von 10 bis 17 Uhr geöffnet – außer bei „anhaltendem" Schlechtwetter. Es befindet sich im Kleinen Fleißtal, das man mit dem Auto über die beschilderte Ausfahrt bei Kehre 27 der Großglockner-Hochalpenstraße erreicht. Der Eintritt ist frei. Die Ausrüstung zum Goldwaschen erhalten Besucher gegen eine Leih-gebühr.

ZAHLTISCH IM GROSSEN ZIRKNITZTAL

Der Zahltisch liegt unmittelbar am gut beschilderten Tauerngoldweg Großes Zirknitztal. Ausgangspunkt für die Wanderung ist der National-park-Parkplatz Großes Zirknitztal nordöstlich von Großkirchheim. Der Rundweg ist 8,8 Kilometer lang, die Gehzeit beträgt 4 bis 5 Stunden. Bis zum Zahltisch sind es knapp 2 Stunden. In unmittelbarer Nähe befinden sich auf der nördlichen Talseite der verbrochene Grasleitenstollen und die Ruinen alter Bergwerksanlagen.

ALTE SCHMELZ IM TEUCHLTAL

Mit dem Auto gelangt man über die Mölltaler Ortschaft Penk ins Teuchltal. Die Alte Schmelz befindet sich kurz vor dem Gasthaus Alpenheim direkt am Teuchlbach. Der Weg ist zum Teil nicht asphaltiert, mit einem Pkw aber „bezwingbar".

Die alte Teuchlstraße (Fahrverbot!) beginnt im Mölltaler Dorf Napplach. Sie ist ein beliebte Wanderroute und Mountainbikestrecke. Die Gehzeit bis zur Alten Schmelz beträgt rund 3 Stunden.

TEUFLISCH

Lavanttal (Kärnten)

Trotz seines scheinbar großen Einflusses auf unsere Welt habe ich mir
den Teufel kleiner vorgestellt. Da kannte ich seinen Stuhl noch nicht,
genauer gesagt: den Predigtstuhl des Teufels. So wird im Volksmund ein
Felsen bei Reichenfels im Kärntner Lavanttal genannt, der wie ein riesiger Stuhl aussieht und ist bis zu 4 Meter hoch ist. Dem Teufel, der hier
zum Predigen locker Platz nehmen könnte, möchte ich nicht begegnen.
Noch interessanter als Form und Name sind allerdings die geheimnisvollen Zeichen, die zu einer unbekannten Zeit von unbekannten Menschen
in eine Seite des Felsens geritzt worden sind. Um diese Zeichen besser
erkennen zu können, wurden sie jüngst mit violetter Farbe nachgezogen.
Fürs Verständnis hilft das nichts, weshalb wir einschlägige Fachliteratur
konsultieren. Dort ist die Rede von einem Walenstein.

*Ein alter Entwäs-
serungsstollen im
Mischlinggraben bei
Bad St. Leonhard.*

GEHEIMNISVOLLE GASTARBEITER

Unter Walen oder Venedigern, wie sie
ebenfalls bezeichnet wurden, verstand
man im Mittelalter und der beginnenden Neuzeit fremde Erz- und Mineraliensucher. Sie stammten hauptsächlich
aus Italien und hielten vor allem nach
Rohstoffen für die Glaserzeugung in
Venedig Ausschau. Lagerstätten spürten
die Walen mit Methoden auf, die den
Einheimischen unbekannt waren. In der
Überlieferung wurden sie deshalb rasch
zu geheimnisvollen Wesen hochstili-
siert. Gesicherte Erkenntnisse über die
„Gastarbeiter" gibt es wenige. Fest steht
aber, dass die Walen im Alpenraum von
Bedeutung gewesen sind. Immerhin ist
mit der Venedigergruppe, die sich von
Süd- über Osttirol bis nach Salzburg
erstreckt, gleich ein ganzer Gebirgszug
nach ihnen benannt.

Der Predigtstuhl des Teufels an der Straße von Reichenfels nach Sommerau.

Handelt es sich um Walenzeichen? Haben sich so fremdländische Erzsucher verständigt?

Blick in den Entwässerungsstollen im Mischlinggraben.

Die Kirche in Sommerau soll schon um das Jahr 1000 von Bergleuten errichtet worden sein.

Bis auf wenige Ausnahmen wie diese Stollen sind die Spuren des Bergbaus im Mischlinggraben längst verschwunden.

Untereinander kommunizierten die fremden Erzsucher über Zeichen, die sie am Wegesrand anbrachten. Dazu zählen wahrscheinlich auch die Gravuren im teuflischen Lavanttaler Felsen. Die Interpretationsmöglichkeiten der einzelnen Symbole sind vielfältig. Bei einigen dürfte es sich um Orientierungshilfen handeln, bei anderen um sogenannte Kult- und Heilszeichen. Von einem Zusammenhang mit dem Bergbau ist auszugehen. Die Straße, an der sich der Predigtstuhl des Teufels befindet, führt nach Sommerau. Das abgeschiedene Dorf in 1300 Meter Seehöhe besteht heute aus nicht einmal mehr fünf Bauernhöfen. Im Mittelalter war hier die sprichwörtliche Hölle los: Der Sommerauer Graben galt als erstes großes Bergbaugebiet im Lavanttal.

Schon um das Jahr 1000 dürfte hier nach Gold geschürft worden sein. Aus dieser Zeit soll die von den Knappen erbaute und 1236 erstmals urkundlich erwähnte Kirche stammen. Sie ist dem heiligen Oswald geweiht und bis heute der letzte Zeuge des geschäftigen Treibens im Mittelalter. Bis auf den romanischen Bau und seinen mächtigen Chorturm erinnert nichts an die einstige Bedeutung des Dorfes. Das ganze Lavanttal gehörte damals zum Bistum Bamberg, es sollte erst 1759 österreichisch werden. Wie sehr die Bischöfe und ihre Verwalter den Reichtum schätzten, um es ganz höflich zu formulieren, zeigt eine Sage, die den bezeichnenden Titel „Das Ende des Goldgierigen" trägt.

Sie handelt vom 1604 verstorbenen letzten bambergischen Beamten, der seinen Sitz in Reichenfels hatte: *Matthias Bienlein wurde von einer unersättlichen Gier nach Gold getrieben. Er schloss daher mit dem Teufel einen Pakt und verschrieb ihm seine Seele, wenn sich künftig alles, was er berühre, in Gold verwandle. Der Höllenfürst ging auf diese Forderung ein, weil er wusste, dass ihm sein Opfer dadurch viel schneller verfallen würde. Er hielt den Vertrag so genau ein, dass sogar die Speisen, die Bienlein zu sich nehmen wollte, bei jeder kleinsten Berührung sofort zu Gold wurden. Da man Gold bekanntlich nicht essen kann, musste Bienlein verhungern und seine Seele gehörte dem Teufel."*

UNTERWEGS MIT INDIANA JONES

Nach Bienleins Tod (der ist amtlich, der Rest nicht) ging die Verwaltung der Herrschaft Reichenfels auf die Vertreter des Bistums Bamberg in Bad St. Leonhard über. Auch was den Bergbau betraf, war die Stadt zu dieser Zeit bereits auf der Überholspur. Vor allem rund um Kliening, einem Dorf westlich von Bad St. Leonhard, wurden im 15. und 16. Jahrhundert unzählige Stollen ins Gestein getrieben, die Rede ist von „Hunderten". Überlieferungen berichten von sagenhaften 59 Gramm Gold pro Tonne Hauwerk (abgebautes Gestein).

Unterwegs mit Lagerstättenforscher Bernhard Spuida in Kliening.

*Eine Abraumhalde
in Kliening.*

*Der Klieninger
Sauerbrunn sprudelt
aus einem alten
Goldstollen.*

Hier sind die Spuren der Suche nach dem Edelmetall schon ein wenig deutlicher zu sehen. Ein Experte zeigt sie uns: Bernhard Spuida ist ein gefragter Lagerstättenforscher. Der in Klagenfurt lebende Experte sucht weltweit nach abbauwürdigen Vorkommen wertvoller Rohstoffe, weshalb seine Auftraggeber Wert auf Diskretion legen. Vor geraumer Zeit hat er sich beruflich intensiv mit der Gegend zwischen Bad St. Leonhard und Kliening beschäftigt. Für eine Führung mit dem Fotografen zu den Hotspots hat er sich in Schale geworfen. Perfekt ergänzt wird sein Indiana-Jones-Outfit durch ein Kartierbrett, auf das er ein Verzeichnis alter Gruben gespannt hat. „Dieses Navi funktioniert immer", sagt er mit einem verächtlichen Blick auf unsere Smartphones, die von der Versorgung mit Strom und Empfang abhängig sind.

Spuida zeigt uns unzählige eingestürzte Stollen und eine riesige Abraumhalde. So nennt man die Lagerstätten für taubes, also wertloses, Gestein aus dem Bergbau. Weil die Brocken schon seit Jahrhunderten hier liegen, sind sie längst von Moos und Bäumen überwuchert. Darunter lassen sich die Strukturen der aus dem Berg gebrochenen Steine aber noch immer gut erkennen. Für Laien vermutlich spektakulärer ist ein Besuch des direkt an der Durchzugsstraße gelegenen Klieninger Sauerbrunns. Die frei zugängliche und „anzapfbare" Mineralwasserquelle sprudelt aus einem alten Goldstollen.

Eine erste Analyse der verschiedenen Heilquellen, die rund um Bad St. Leonhard entspringen, soll in 1537 der Arzt und Alchemist Theophrastus Bombastus von Hohenheim durchgeführt haben. Europaweit kannte man ihn unter dem Namen Paracelsus. Da er am Bergbau äußerst interessiert war, ist davon auszugehen, dass ihn die reichen Edelmetallfunde in diese Gegend gelockt haben. Von ihm stammt übrigens auch die umstrittene Theorie, dass der Name des Flusses Lavant vom Goldwaschen (lateinisch: *lavare*) kommen könnte. Im oberen Lavanttal hat sich – Gold sei Dank – zu dieser Zeit die Elite ein Stelldichein gegeben. Zu den Gewerken, die hier Bergwerke betrieben, zählten die Fugger, die damals die wichtigsten Kaufleute Europas waren.

ABSAGE AN DEN ZAUBERSTAB

Für den „kleinen Mann" waren die Edelmetallvorkommen ebenfalls Thema. Das belegt ein erhalten gebliebenes Walenbüchlein. Diese weit verbreiteten Handschriften bezogen sich auf angebliche Überlieferungen der geheimnisvollen Venediger und listeten potenzielle Lagerstätten auf. Die Stellen wurden jedoch immer nur sehr vage beschrieben. Im Fall von Kliening hieß es zum Beispiel, dass man „bei einem großen weißen Stein" gutes Golderz finden könne. Unterhaltsam lesen sich die allgemei-

Das Goldloch im Lichtengraben ist eine Höhle, in der wohl auch nach Gold gesucht wurde.

nen Tipps für Menschen, die Edelmetalle finden wollen. Sie sollten vor dem Schlafengehen fünf Vaterunser, fünf Avemaria und ein spezielles Gebet sprechen. Dann würde sich im Traum schon ein Bergwerk auftun. Um sich den Standort zu merken, müsste man allerdings immer die rechte Hand unter den Kopf legen.

Montanhistoriker datieren die Grundzüge dieses Walenbüchleins auf die Zeit vor 1500. Ein absolutes Kontrastprogramm dazu war die beinahe parallel veröffentlichte Fachliteratur. In seinem Buch 1556 veröffentlichten Buch „De re metallica", das bis heute als umfassendste Quelle für den mittelalterlichen Bergbau gilt, rechnet der deutsche Wissenschaftler Georgius Agricola mit dem Übersinnlichen ab. Er spricht sich darin unter anderem gegen den Gebrauch von Wünschelruten bei der Suche nach Erz aus: „Der wahre Bergmann benutzt, da wir wollen, dass er ein frommer und ernster Mann ist, den Zauberstab nicht."

Im Winter frieren die Wasserlöcher im Goldloch teilweise zu.

Die Painburg wurde mit den Erlösen aus dem Bergbau errichtet.

Agricola rät zur Beobachtung der Pflanzen. Wenn in der kalten Jahreszeit die Reifbildung auf gewissen Gräsern ausbleibt, sei dies zum Beispiel ein Hinweis auf Gänge im Untergrund. Als weitere Indizien für Erze im Boden führt er Anomalien in der Vegetation (Verfärbungen oder Kleinwüchsigkeit) an. Mit einem Teil dieser Theorien können sich Experten bis heute anfreunden. Hinweise auf Metallvorkommen durch den Bewuchs einer Örtlichkeit seien durchaus möglich. Es ist also nicht unwahrscheinlich, dass Lagerstätten im Mittelalter tatsächlich auf diese Art und Weise entdeckt worden sind. Mit welchen Methoden auch immer: Im oberen Lavanttal hatte der Bergbau im 16. Jahrhundert bereits seinen Höhepunkt erreicht. Danach ging's

Ein bisschen Schottland im Kärntner Lavanttal: Die Painburg ist von einem Teich und einem Wassergraben umgeben.

kontinuierlich abwärts. Man drang immer tiefer in den Berg vor, weshalb die Gruben nach und nach durch eindringendes Wasser „ersoffen". Zuerst wurden die Bergwerke in Sommerau stillgelegt, 1811 folgte die letzte Mine bei Bad St. Leonhard. Seither gab es wiederholt Überlegungen, erneut nach Gold zu graben, und Anfang des 21. Jahrhunderts sogar Probebohrungen. Richtig in die Gänge kam jedoch keines der Projekte.

IM GOLDLOCH

Im Volksmund spielt der Bergbau bis heute eine große Rolle. So wird eine Höhle im Lichtengraben nördlich von Bad St. Leonhard nach wie vor Goldloch genannt. Im 17. Jahrhundert soll man hier nach dem Edelmetall gesucht haben. Tatsächlich erinnern uns die kurzen verwinkelten Gänge an ein Bergwerk. Die Durchgangshöhle selbst, von der sie abzweigen, ist nicht von Menschenhand geschaffen worden. Sie führt nach 50 Metern wieder ins Freie, das man allerdings nicht zu schwungvoll betreten sollte. Dahinter geht's senkrecht nach unten. Wie weit, das haben wir sicherheitshalber nicht ausgelotet.

Auf dem Rückweg vom Lichtengraben nach Bad St. Leonhard empfiehlt sich ein Stopp bei der Ruine der Painburg. Das Betreten der Anlage ist verboten, sie befindet sich in Privatbesitz. Ein genauer und von der

Das Betreten der Painburg-Ruine ist verboten – sie befindet sich in Privatbesitz.

Gedenkstein beim Knappenbründl.

Pilger und Wanderer stecken rund um die Quelle Kreuze in den Boden, die sie aus Ästen basteln.

Straße aus ganz legaler Blick auf die Mauern zahlt sich trotzdem aus. Es handelt sich um eine Wasserburg, die Betrachter eher an Schottland als an Kärnten erinnert. Sie wurde von den Statthaltern des Bistums Bamberg um 1420 mit den Erlösen aus dem Bergbau errichtet und diente der Bevölkerung Ende des 15. Jahrhunderts als Zufluchtsort während des Türkeneinfalls im Lavanttal.

Letzte Station unserer mehrtägigen Tour durch das obere Lavanttal ist das Knappenbründl in der Nähe der Ortschaft Loben, dem ebenfalls Heilkräfte nachgesagt werden. Neben der Quelle mitten im Wald steht ein Gedenkstein an einen Knappen aus dem 19. Jahrhundert, er trägt natürlich das Bergbausymbol. Der Teufel – und sei er auch noch so riesig – hat hier keine Chance. Er würde schreiend davonlaufen: Der Bereich rund um das Bründl ist übersät von kleinen Kreuzen, die Pilger und/oder Wanderer aus Ästen gebastelt und in den Boden gesteckt haben.

INFO & KONTAKT

PREDIGTSTUHL DES TEUFELS

Der Felsen mit den Walenzeichen befindet sich direkt neben der Sommerauer Straße, zirka 4 Kilometer nachdem man Reichfels in Richtung Sommerau verlassen hat.

KLIENINGER SAUERBRUNN

Die Quelle, deren Wasser stark eisenhaltig ist, sprudelt mitten in Kliening südlich der Klippitztörlstraße L 91 aus einem alten Goldstollen. Er liegt unmittelbar am Klieningbach. Der Zugang ist beschildert.

KNAPPENBRÜNDL

Mit dem Auto folgt man der Straße, die unter der Leonhardikirche in Bad St. Leonhard vorbeiführt, etwa 6 Kilometer. Nach dem Überqueren einer kleinen Brücke kann man noch 2 Kilometer fahren – der Weg ist beschildert. Die letzten 500 Meter zum Bründl sind zu Fuß zurückzulegen.

BIOLOGISCH ABBAUBAR
Oberzeiring, Pusterwald (Steiermark)

Ein anderer Manager hätte auf seinem Laptop bunte Powerpoint-Folien vorgeführt. Thomas Brunner aber legt einen schweren Erzbrocken auf den Tisch und sagt: „Riechen Sie einmal!" Der Brocken riecht nach faulen Eiern. Schwefel?! Brunner nickt. „Ja. Schwefel ist in unseren Breiten ein möglicher Hinweis auf Gold und andere wertvolle Metalle." Mit einer Lupe lassen sich in dem Brocken tatsächlich winzige glänzende Einschlüsse ausmachen.

Brunner, ein gebürtiger Oberösterreicher, ist Vorsitzender des Verwaltungsrates der Schweizer Aurex Biominig AG. Das Unternehmen hat 2014 die österreichische Silbermine Zeiring GmbH übernommen und sucht jetzt in der Obersteiermark nach Gold, Silber und anderen wertvollen Rohstoffen. Exploriert wird rund um Pusterwald und Oberzeiring in den Wölzer Tauern im Bezirk Murtal. Beide Ortschaften sind historische, mittlerweile aber weitgehend vergessene Bergbau-Hotspots und liegen, nur knapp 10 Kilometer Luftlinie voneinander entfernt, in rund 1000 Meter Seehöhe.

In Oberzeiring sollen schon die Römer Gold und Silber gesucht haben, heißt es. Das ist gut möglich, kann aber nicht durch eindeutig datierbare Funde belegt werden. Durchgekommen sind Vertreter des Imperium Romanum jedenfalls. Im heutigen Unterzeiring befand sich eine Siedlung, an der vor rund 2000 Jahren die Via Norica vorbeiführte. Die-

Ein Manager, der lieber im Gelände als im Büro ist: Thomas Brunner.

se Römerstraße über den Pyhrnpass hatte in der Kaiserzeit vor allem militärisch eine enorme Bedeutung. Sie stellte die – in Relation zu den anderen einst vorhandenen Wegen – schnellste Nord-Süd-Verbindung zwischen den Küstengebieten an der Adria und dem Donauraum um Ovilava (Wels) dar.

Aus dieser Zeit könnte die sogenannte Römerbrücke über den Blabach zwischen Ober- und Unterzeiring stammen, die uns Brunner zeigt. Sie besteht aus einem gemauerten Steinbogen und wird bis heute befahren, was wir mit unserem Pkw ebenfalls getan haben. Ein Tipp für Besucher: Reisen Sie nicht mit einem Lkw oder Bus an! Vehikel mit einem Gesamtgewicht von mehr als 25 Tonnen dürfen die Römerbrücke nicht überqueren. Das entsprechende Verkehrsschild ist eindeutig jünger als das Bauwerk. Sonst müsste, wie wir Asterix-Leser wissen, im roten Kreis ja XXV stehen.

ERSOFFENE GOLD- UND SILBERMINEN

Der Aufstieg der Gegend zu einer mittelalterlichen Bergbaumetropole dürfte – nach einer teilweise menschenleeren Zeit infolge der Völkerwanderung – frühestens um das Jahr 900 begonnen haben. Um 1265 wird Oberzeiring als *mons zyrich* in einem Urbar, einem Verzeichnis über Besitzrechte eines Grundherren und Leistungen seiner Grunduntertanen, erstmals urkundlich erwähnt. Da es darin um Einkünfte von Herzog Ottokar II. Přemysl aus dem *mons* (Berg) ging, ist davon auszugehen, dass der Abbau zu diesem Zeitpunkt schon ordentliche Erträge abgeworfen hat.

Man fand, förderte und schmolz hauptsächlich Gold und Silber. Ende des 13. Jahrhunderts waren in Oberzeiring mindestens acht Gruben in Be-

Eine von viele Gesteinsproben, die in Speziallabors untersucht werden.

Die sogenannte Römerbrücke zwischen Ober- und Unterzeiring.

Gut versteckt sind im Wald noch zahlreiche alte Stollen zu finden.

trieb, sie befanden sich zum Teil im Besitz des Stiftes Admont. Rudolf I., der erste römisch-deutsche König aus dem Geschlecht der Habsburger, erhob die Siedlung um 1279 zum Markt. 1284 folgte das Münzrecht zum Prägen des silbernen Zeyringer Pfennigs. Der wichtigste Wirtschaftszweig wurde im Wappen der Ortschaft verewigt, es zeigt einen arbeitenden Bergmann.

Die Minen spülten so viel Geld in die Kassen der Habsburger, dass man den kleinen Ort in der Steiermark „die Mutter von Wien" genannt haben soll. Der historisch nicht belegte, aber in der Umgebung bis heute gerne bemühte Beiname soll sich auf die vielen Prunkbauten in der fernen Stadt beziehen, die mit den Erlösen aus dem Silberbergwerk angeblich errichtet wurden. Der Boom währte nicht lange. Die Überlieferung erzählt von einem Wassereinbruch 1365, an dem die reichen und betrunkenen Knappen mit ihrer Mordlust und ihrem Übermut schuld gewesen sein sollen.

„Als sie wieder einmal mit ihren silbernen Kugeln nach den silbernen Kegeln schoben, kam ein altes Weib mit seinem Enkel daher und sah ihnen staunend zu. Da sprang ein Knappe auf den Buben los, hieb ihm den Kopf ab und schob ihn nach den Kegeln. Die Großmutter aber, von Grauen über die Untat erfasst, verfluchte Knappen und Berg. Tatsächlich brach schon am nächsten Tag, als die Knappen in die Gruben eingefahren waren, das Unglück herein; gewaltige Wassermassen erfüllten plötzlich Schächte und Stollen, so dass niemand entrinnen konnte und 1400 Knappen an einem Tage ihr Leben lassen mussten. Seit dieser Zeit ist das Silberbergwerk zur Strafe für den Übermut der Knappen ersoffen und alle Bemühungen, es wieder in Betrieb zu setzen, waren bisher erfolglos"*, heißt es in der Sage vom Ende des Bergbaus in Oberzeiring.

Es könnte tatsächlich zu einem Unglück gekommen sein. Über das Ausmaß der Katastrophe gibt es allerdings unterschiedliche Angaben und wilde Spekulationen. Fest steht: Man hatte die Stollen im 14. Jahrhundert in eine Tiefe vorgetrieben, in der die Bergleute den zunehmenden Wassereinbrüchen mit der Technik ihrer Zeit nicht mehr Herr werden konnte. Die Gruben waren zwar längst noch nicht ausgeerzt, aber man hatte offenbar keine Chance mehr, die teilweise Flutung des bis zu 40 Kilometer langen Stollensystems zu bändigen. Im 14. Jahrhundert kam der Bergbau in Oberzeiring deshalb nach und nach zum Erliegen.

Anfang des 16. Jahrhunderts erinnerten sich die Habsburger wieder an die goldenen Zeiten mit den Edelmetallen aus Oberzeiring. Man brauchte dringend Geld. An der Macht war gerade Maximilian I., der einen prunkvollen Lebensstil pflegte und sich deshalb hoch verschuldet hatte. 1506 quartierte sich der König und spätere Kaiser für drei Monate in Schloss Hanfelden in Unterzeiring ein, um die Reaktivierung des

Bergwerks höchstpersönlich zu überwachen. Das Unterfangen scheiterte ebenso kläglich wie ein weiterer Anlauf 250 Jahre später. Auch den von Kaiserin Maria Theresia ausgesandten Ingenieuren gelang es nicht, das Bergwerk „trockenzulegen". Wie ein Denkmal für die Pleite erinnert Schloss Hanfelden bis heute daran. Das im Kern gotische Gebäude, das imposant auf einer grünen Wiese thront und bis 1910 bewohnt war, ist zwar denkmalgeschützt, aber seit Jahren dem Verfall preisgegeben.

Im Ort selbst bemüht man sich mehr um die Erinnerung an die ruhmreiche Ära als silberne Schatzkammer der Habsburger. Ein kleiner Teil der historischen Gruben wird als Heilklimastollen genutzt, der Namensgeber für das angeschlossene Kurhotel war. Es nennt sich originellerweise „Kurhotel Heilstollen Oberzeiring" und gilt als Top-Adresse für die Behandlungen von Lungen- und Atemwegserkrankungen. Im Heilstollen ist es ganzjährig 8 Grad kalt/warm, die Luftfeuchtigkeit beträgt 95 bis 100 Prozent, es herrscht eine absolute Allergen- und Staubfreiheit, außerdem ist die Luft radonhältig.

Gleich neben dem Kurhotel befindet sich der Eingang zu einem kleinen, feinen Schaubergwerk, das der Fremdenverkehrsverein 1958 eröffnet hat. Es vermittelt Gästen einen anschaulichen und deshalb manchmal beklemmenden Eindruck der Bedingungen, unter denen die Knappen im Mittelalter gearbeitet haben. Die engste Stelle der Besucherstrecke ist 1,48 Meter hoch und 59 Zentimeter breit. Der Eingangsbereich des Schaubergwerks wird als Museum genutzt, in dem Fundstücke aus dem Silberbergbau und diverse Mineralien ausgestellt sind.

„ZWEI TONNEN GOLD GETRAGEN"

So gut wie keine Spuren hat der historische Bergbau in der nahen Gemeinde Pusterwald hinterlassen, wenn man von ein paar versteckten Hinweisen in der Landschaft (der Fotograf nennt sie liebevoll „Löcher") absieht. Urkunden belegen, dass man hier spätestens ab Mitte des 15. Jahrhunderts eifrig nach Gold gesucht hat. Die Ermächtigung dazu kam von Kaiser Friedlich III. Details sind kaum bekannt – bis auf die im Alpenraum üblichen Sagen. So sollen die Arbeiten in der Pusterwalder Bergen vor allem von „italienischen Erzsuchern" durchgeführt worden sein.

Diverse Schriften aus späterer Zeit zitieren einen Walen namens Andreas Stuby. Der Erzsucher berichtet über das steirische Pusterwald: „Ich habe mehr denn zwei Tonnen Gold von diesem Ort auf Venedig getragen, so wahr mir Gott helfe. Der König von Spanien kann diesen Berg nit bezahlen." Protagonist und Geschichte sind wohl erfunden – übermenschliche Kräfte sind sogar Venezianern mit dem für die mediterrane Region unüblichen Vornamen Andreas abzusprechen.

An insgesamt mindestens vierzehn Stellen in Pusterwald wurde bis Ende des 16. Jahrhunderts nach Gold geschürft, wovon die zahlreichen verfallenen Stollen und Pingen zeugen. Danach geriet der Bergbau in dem kleinen Seitental in Vergessenheit, bis dort nach dem Ersten Weltkrieg die aus dem Sudetenland stammenden Brüder Adolf und Karl Heinzl auftauchten. Sie planten, den Bergbau wiederaufzunehmen und investierten beträchtliche Summen in geologische Forschungen vor Ort.

Nach dem „Anschluss" Österreichs an Nazi-Deutschland 1938 griff ihnen dabei das NS-Regime unter die Arme. Man benötigte Gold, um die Rüstungsindustrie zu finanzieren. 1942 war Schluss. Die Arbeiten im Explorationsstollen, den man mittlerweile mehr als 100 Meter weit in den Berg getrieben hatte, wurden aus Geldmangel eingestellt und danach nicht mehr aufgenommen. Bis auf die touristische Goldwaschanlage im Freizeitpark Pusterwald, die ein beliebtes Ziel von Schulausflügen ist, erinnerte lange nichts mehr an das früher hier gewonnene Edelmetall.

„UFO-FORSCHER" IM ANFLUG

Seit 2012 ist der Bergbau wieder Thema. Die Aurex Bioming AG hat über ihre österreichische Tochterfirma 99 Freischurfe bei Oberzeiring und 48 bei Pusterwald angemeldet. Unter Freischurf versteht man eine Kreisfläche mit einem Durchmesser von 850 Metern, in der „bis in die ewige Teufe" (also unbegrenzt tief) Aufsuchungsarbeiten wie Gesteinsbeprobungen, Messungen und Schürfbohrungen durchgeführt werden

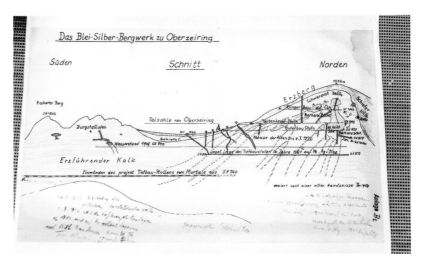

dürfen. Insgesamt ist das Gebiet, das internationale Expertenteams im Auftrag von Aurex in der Obersteiermark unter die Lupe nehmen, 83 Quadratkilometer groß.

Jetzt holt Aurex-Manager Brunner doch noch bunte Bilder aus seiner Tasche. Er erklärt uns drei geophysikalische Explorationsverfahren, die kompliziert klingen, sich aber im Endeffekt mit ein wenig Logik leicht verstehen lassen. Da wären einmal die geomagnetischen Messungen. Hochsensible Sensoren spüren dabei im oberflächennahen Bereich und manchmal sogar aus unbemannten Drohnen oder Flugzeugen lokale Störungen des Erdmagnetfelds auf. „Solche Anomalien lassen Rückschlüsse auf Erze im Untergrund zu, in denen Magnetit oder Magnetkies vorkommt", sagt Brunner. Das Verfahren kommt auch beim Aufspüren von Kriegsrelikten und in der Archäologie zum Einsatz.

166

Das Betreten der alten Bergwerksanlagen ist streng verboten.

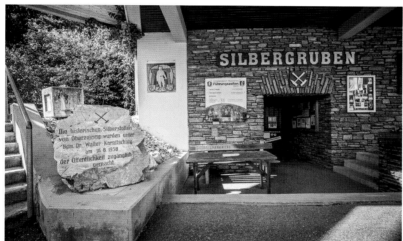

Das Schaubergwerk vermittelt im Inneren einen beklemmenden Eindruck der Bedingungen, unter denen die Knappen früher gearbeitet haben.

Das hört sich spannend an, wird von Brunner jedoch umgehend mit der Erläuterung des „Very-Low-Frequency-Verfahrens" getoppt. Diese Methode nutzt das Signal von weltweit empfangbaren Längstwellenradiosendern, die zum Beispiel der Kommunikation mit U-Booten dienen. Ihr an der Oberfläche messbares elektromagnetisches Feld verändert sich, wenn der Untergrund elektrisch leitfähig ist. Die Ergebnisse ermöglichen das Lokalisieren von Störungszonen und Erzgängen. Ganz ähnlich funktionieren Messungen mithilfe der Radiomagnetotellurik, die besonders gut für eine schnelle oberflächennahe Erkundung mit einem „Blick" in eine Tiefe von maximal 50 Meter geeignet ist.

Die für Untersuchungen dieser Art notwendige Technik ist zum Glück nicht besonders sperrig, weshalb sie leicht transportiert und querfeldein problemlos eingesetzt werden kann. Brunner präsentiert uns Fotos der

Messungen. Sie zeigen zwei Männer mit einem konzentrierten Gesichtsausdruck. Der eine trägt einen autobatterieähnlichen Kasten mit Antenne vor sich her, der andere ein Ding, das an einen Duschkopf erinnert, aber natürlich keiner ist. Die Szene erinnert an UFO-Forscher, die Kontakt aufnehmen wollen.

Begreifbarer im wahrsten Sinn des Wortes sind die Gesteinsproben. Dabei hat man sich bislang auf Felsen an der Oberfläche, alte Halden mit Material aus dem mittelalterlichen Bergbau und einige historische Stollen konzentriert. Die Ergebnisse der von Aurex in Auftrag gegebenen Laboruntersuchungen waren laut Brunner mit Goldgehalten von 10 bis 40 Gramm pro Tonne Gestein „vielversprechend". Eine Probe wies sogar einen Rekordwert von 85 Gramm Gold pro Tonne Erz aus. Zum Vergleich: In Australien wird Gold schon bei einem Gehalt von 2 Gramm pro Tonne oder weniger abgebaut.

Was die Rahmenbedingungen betrifft, ist Brunner ebenfalls optimistisch: „Die Gemeinden, die zuständigen Behörden und die Grundbesitzer stehen unserem Vorhaben positiv gegenüber." Man hofft auf neue Arbeitsplätze und ist vor allem vom umweltfreundlichen Biomining-Konzept angetan, das die Goldsucher des 21. Jahrhunderts verfolgen und die Aurex Biomining AG sogar im Firmennamen trägt. Bei dieser Technik wird das Edelmetall bei der Weiterverarbeitung nicht durch den Zusatz von giftigen Chemikalien aus dem Erz gelöst, sondern durch Bakterien. „Das Verfahren ist zwar komplex, aber zu 100 Prozent ökologisch", sagt Brunner.

Mehr als 10 Prozent der weltweiten Goldgewinnung in Südafrika, Kanada, Australien, Chile, Indien und China erfolgt bereits durch Biomining. Bei dieser Methode wird das Erz zunächst fein gemahlen und anschließend in Tankbehältern (Fachbegriff: Bioreaktoren) mit speziellen in der Natur vorkommenden Gesteins- und Bodenbakterien in Kontakt gebracht. Sie „fressen" die Erzmineralien, die das feinkörnige und zum Teil unter dem Mikroskop nicht mehr sichtbare Gold einschließen. Dadurch wird auch die Behandlung von Gestein rentabel, das im Mittelalter als vermeintlich taub zur Seite gelegt worden ist.

SUCHE NACH WEITEREN INVESTOREN

Das klingt tatsächlich vielversprechend, ist für Oberzeiring und Pusterwald vorerst aber noch Zukunftsmusik. Um die Aufsuchungs- und Entwicklungsarbeiten unter anderem mit weiteren geophysikalischen Messungen und Diamantkernbohrprogrammen voranzutreiben, durch die Goldvererzungen in der Tiefe aufgespürt und nachgewiesen werden sollen, sucht die Aurex Biomining AG weitere Investoren. 2016 will man

in London oder Frankfurt an die Börse gehen. Außerdem bemüht sich das Unternehmen um EU-Förderungen. Kooperationen mit anderen europäischen Firmen und Forschungseinrichtungen seien bereits auf Schiene, sagt Brunner.

Der Manager packt seinen Gesteinsbrocken wieder ein, weil er einen „geschäftlichen Termin" in Oberzeiring hat. Mineraliensucher oder leichtsinnige Jugendliche haben – wieder einmal – ein Tor zur Unterwelt aufgebrochen. Nun müssen Überwachungskameras installiert werden. Wir dürfen mitkommen und landen in einem geschichtsträchtigen Silberstollen, im sogenannten Johannes-Erbstollen. Vor Jahrzehnten hat man hier im kleinen Rahmen Schwerspat abgebaut hat. Baryt, wie dieses Mineral eigentlich heißt, wird aufgrund seiner hohen Dichte in der Tiefbohrtechnik und als Bestandteil von Kontrastmitteln bei Magenuntersuchungen eingesetzt.

*Abwarten und
Tee trinken?*

Der Stollen wird von Stahlträgern ge-stützt und steht zum Teil unter Was-ser, weshalb wir auf eine ausgedehnte Expedition verzichten. Die paar Me-ter reichen, um über eine alte Metall-kiste mit der Aufschrift „Julius Meinl Tea Bags" zu stolpern. Sie ist leer. Ein schönes Bild dafür, dass die Zeit von „Abwarten und Tee trinken" für die Goldsucher in der Obersteiermark offenbar vorbei ist.

INFO & KONTAKT

AUREX BIOMINING AG
www.aurex.ag

KURHOTEL HEILSTOLLEN OBERZEIRING
Hauptstraße 22
8762 Oberzeiring
www.heilstollen.at

SCHAUBERGWERK OBERZEIRING
www.silbergruben.at
Bergwerkgasse 1
8762 Oberzeiring

Von Mai bis Oktober gibt es täglich drei Führungen: um 10.30, 13.30 und 15 Uhr, an Montagen zusätzlich um 19 Uhr. Gegen Voranmeldung sind Führungen auch von November bis April möglich. Kinder haben erst ab 4 Jahren Zutritt. Für schwangere Frauen ist die Tour nicht geeignet.

GOLDWASCHANLAGE IM FREIZEITPARK PUSTERWALD
Pusterwald 25
8764 Pusterwald
www.pusterwald.info

Goldwaschen kann man von Anfang Mai bis Mitte Oktober immer Don-nerstag, Freitag, Samstag und Sonntag jeweils ab 12 Uhr.

DIE FARBEN
DES GOLDES

Ein aus Gold gefertigtes Schmuckstück kann die unterschiedlichsten Farbnuancen annehmen. Obwohl Gold in der Natur in der Farbe Gelb vorkommt, kann durch das Legieren die Farbe verändert werden. Rosé- bzw. Rotgold erzielt man durch die Erhöhung des Kupferanteils. Durch Beimengung von Palladium erhält man Weißgold. Dadurch werden auch extravagante Kombinationen von drei Goldfarben in einem Schmuckstück – auch tricolor bezeichnet – möglich.

ALLE WEGE

Neunkirchen (Niederösterreich)
mit einem Umweg über den
Magdalensberg (Kärnten)

Aufmerksame Leser dürften es nach den Andeutungen in den vorange-
gangenen Kapiteln bereits ahnen: Die in vielen österreichischen Regionen konsequent gepflegte Behauptung, dass vor Ort schon die Kelten
und nach ihnen die Römer Bergbau betrieben hätten, ist – altertümlich
und passenderweise angelehnt ans Lateinische formuliert – eine Crux.
Ein Kreuz, eine liebe Not, ein Stein im Magen von Historikern, die genau
hinschauen. Führen alle Wege nach Rom? Oder gar keiner?

Das wahrscheinlich spektakulärste Beispiel für das Spannungsfeld zwischen Wunsch und Wirklichkeit in diesem Zusammenhang sind die
zwei Barrengussformen aus der namenlosen römischen Stadt auf dem
Kärntner Magdalensberg. Sie sind aus heimischem Marmor gefertigt
worden und stammen aus der Zeit von Kaiser Caligula, der von 37 bis
41 n. Chr. an der Macht war. Der in Spiegelschrift auf dem Boden der
Gussformen eingearbeitete Text weist das damit gegossene „Metall aus
Noricum" als sein Eigentum aus. Um welches Metall es sich handelt,
steht leider nicht da.

GOLD- ODER BLEIBARREN?

Die Ausgräber brachten ihren 1993 getätigten Fund mit Gold in Verbindung, was einer kleinen archäologischen Sensation gleichkam. Aus dem
ganzen römischen Reich sind bisher keine „nachgewiesenen" Gussformen für Goldbarren bekannt. Mit dem Nachweis hapert es aber leider
auch in diesem Fall. In der Ritze einer Inschrift wurden zwar tatsächlich
winzige Partikel des Edelmetalls entdeckt. Mittlerweile sprechen jedoch
andere Indizien – zumindest teilweise – gegen die Goldbarren-Theorie.
Wie der Archäologe Paul Gleirscher und unser Journalistenkollege Erwin Hirtenfelder in ihrem Buch „Mythos Magdalensberg" (Styria, 2014)
schreiben, wären die mit diesen Formen gegossenen Goldbarren „von
außergewöhnlicher Größe" gewesen: der eine 4,7 Kilogramm, der andere 12,7 Kilogramm schwer. Heute hätten sie einen Wert von mehr als
150 000 beziehungsweise 400 000 Euro. Irritierend finden Gleirscher

und Hirtenfelder außerdem den Umstand, dass das Gewicht der Goldbarren keine runden Zahlen ergibt, wenn man es in römische Maßeinheiten umrechnet. Werden die Gussformen hingegen mit Blei gefüllt, ist genau das der Fall. Der größere Barren würde dann 8,2 Kilo (25 römische *librae*) wiegen, der kleinere 3,2 Kilo (10 *librae*).

Offen ist allerdings, ob es in der Provinz Noricum überhaupt einen für damalige Verhältnisse „industriellen" Bleiabbau gegeben hat. Das gilt als ebenso unwahrscheinlich wie ein groß angelegtes Schürfen der Römer nach Gold auf dem Gebiet der heutigen Bundesländer Kärnten, Salzburg und Steiermark. Blei wurde zu dieser Zeit, wie zahlreiche Funde belegen, haufenweise aus Spanien importiert. Die Hitzeschäden auf einer der Gussformen sprechen, um die Verwirrung nun endgültig perfekt zu machen, ebenfalls für Gold. Es schmilzt erst bei 1063 Grad. Gleirscher und Hirtenfelder spekulieren, dass man damit vielleicht kein Edelmetall aus Lagerstätten zu einem Barren gegossen hat, sondern die Früchte einer Steuereintreibung. Schlussfolgerung der Magdalensberg-Experten: „Es bedarf also offenkundig noch einiger Forschung und interdisziplinärer Diskussionen."

Der Fotograf und ich haben die erste heiße Diskussion schon hinter uns. Sie betrifft das in eine der Gussformen geritzte Phallus-Symbol. Was aussieht wie der Gruß eines pubertierenden Jugendlichen aus dem 21. Jahrhundert, der während einer langweiligen Museumsführung ein Zeichen

Eine Gussform – aber für Goldbarren? Der Penis ist ein Priapos-Symbol, das dem Schutz vor Dieben dienen sollte.

setzen wollte, ist tatsächlich antik. Penis und Anhang stehen für den aus Griechenland stammenden Priapos-Kult, der auch im römischen Reich weit verbreitet war. Priapos, laut Mythologie ein Sohn des Dyonisos und der Aphrodite, wurde als Gott der Fruchtbarkeit verehrt. Sein grafisches „Kürzel", der Phallus, sollte die Ernte beschützen, böse Blicke abwehren und Diebe in die Flucht schlagen. Auf der Gussform vom Magdalensberg dürfte die Ritzzeichnung demnach wohl der spirituellen Vorbeugung von Verbrechen gedient haben.

ZERSTÖRUNG MIT SYSTEM

Was kann spannender sein als ein Penis auf einer potenziellen Goldbarrengussform? Keine Sorge. Es gibt einen weiteren Höhepunkt. Während man rund um die Frage, ob und wie die Römer in Österreich Bergbau betrieben haben, in den Hohen Tauern auf Spekulationen angewiesen bleibt, liegen ausgerechnet im vergleichsweise flachen Niederösterreich die Fakten auf dem Tisch beziehungsweise im Wald. Südlich von Neunkirchen erforschen Archäologen seit 2010 das erste bisher bekannte römische Bergbaugebiet Österreichs, das nicht durch eine weitere Nutzung im Mittelalter oder in der Neuzeit zerstört worden ist.

„Klotzen statt kleckern", lautete die Devise der Römer, die hier eine Seifengold-Lagerstätte ausbeuteten. Sie betrieben einen Aufwand, der weit über das bis heute praktizierte einfache Goldwaschen mit Pfannen und Rinnen hinausging. Ihre Ingenieure hatten für das sogenannte Ausschwemmen, also für das Lösen der wertvollen Seifengoldpartikel aus Sand und Geröll, technisch ausgeklügelte Anlagen entwickelt. „Über Leitungen ist Wasser oberhalb der Lagerstätte in Staubecken gesammelt worden", erklären uns die Archäologen Brigitte Cech und Thomas Küh-

Welchem Zweck die Schmelze in der römischen Stadt auf dem Kärntner Magdalensberg gedient hat, ist bis heute nicht restlos geklärt.

174

Spuren von Kanälen im Wald bei Neunkirchen.

treiber, die mit Kollegen das fast 2000 Jahre alte Bergbaugebiet bei Neunkirchen als solches enttarnt haben. „Durch Gerinne mit großem Gefälle hat man das Wasser dann über die zuvor gerodete und mechanische gelockerte Oberfläche der Lagerstätte geleitet." Der Vorgang glich dem modernen, im Hausgebrauch gerne so genannten „Kärchern". Durch die antike Hochdruckreinigung mit Wasserkraft wurde loses Material weggespült und neues freigelegt. Beides untersuchten die Römer im Anschluss akribisch nach Gold. Danach wurde der Vorgang wiederholt, so lange etwas zu holen schien.

Die damalige Technik ist bestens dokumentiert. Aufgeschrieben hat sie Plinius der Ältere, ein römischer Gelehrter, Offizier und Verwaltungsbeamter. Die von ihm um 77 n. Chr. verfasste *Naturalis historia* (Naturgeschichte) gilt als älteste vollständig überlieferte systematische Enzyklopädie. Ihre 37 Bücher mit insgesamt 2 493 Kapiteln bilden einen Großteil des Wissens ab, das zu dieser Zeit in den besseren Kreisen des römischen Reiches vorhanden war. Plinius schildert in seinem Werk das Ausschwemmen von Seifengold und nennt es *ruina montium* (Zerstörung der Berge). Die anschauliche Beschreibung legt nahe, dass er selbst Zeuge eines solchen Vorgangs geworden ist.

Das dürfte 73 n. Chr. der Fall gewesen sein, als sich der Forscher in der Provinz Hispania Tarraconensis aufhielt. Plinius war in dem Gebiet, das unter anderem den Norden und Osten Spaniens umfasste, *procurator Augusti* (Finanzverwalter) und musste als solcher ein Auge auf die wichtigste Goldmine des römischen Reiches haben. Sie lag in Las Médulas und befand sich – wie alle einträglichen Bergwerke – im Eigentum des Kaisers. Dort wurde mit dem Ausschwemmen nicht nur Seifengold an der Oberfläche abgebaut. Arbeiter schlugen unter abenteuerlichen Bedingungen auch Stollen und Schächte ins Gestein, die man danach ebenfalls durch gezielte aus den Staubecken abgelassene Flutwellen aushöhlte und -spülte oder sogar zum Einsturz brachte.

GIGANTISCHER AUFWAND, GERINGER ERTRAG

„Der zerbrochene Berg fällt weithin auseinander mit einem Krachen, das vom menschlichen Sinn nicht erfasst werden kann, zugleich mit einem unglaublichen Windstoß", berichtet Plinius. *„Als Sieger blicken die Bergleute auf den Einsturz der Natur. Und doch hat man bis jetzt kein Gold und wusste auch nicht, als man grub, ob eines vorhanden ist; zu hoffen auf das, was man haben will, war ausreichend Grund für so große Gefahren und Kosten."* Dann beschreibt der Gelehrte, wie das abgebaute Material gewaschen wird: *„Die Gräben, durch die das Wasser fließt, werden ausgehoben und Stufe für Stufe mit Heidekraut belegt. Es handelt sich um einen dem Rosmarin ähnlichen Strauch, der rau ist und das Gold zurückhält. Die Seiten werden mit Brettern eingefasst und über steilem Gelände werden die Rinnen abgestützt. So wird der zerbrochene Berg aufgelöst."*

In Las Médulas zerstörten die Römer mit der Sprengkraft des Wassers im Lauf der Zeit gleich mehrere Berge. Die Spuren ihrer gewaltigen Eingriffe in die Natur sind bis heute sichtbar, weshalb die rund 20 Quadratkilometer große Gegend seit 1997 zum UNESCO-Weltkulturerbe zählt. Historiker gehen davon aus, dass die Mine von etwa 30 n. Chr. bis zum Übergang vom 2. auf das 3. Jahrhundert in Betrieb war. Sie beschäftigte rund 4400 Arbeiter, in erster Linie Sklaven und Einheimische. Die Kanäle, die sie gruben, um das Wasser für das Ausschwemmen in den Staubecken zu sammeln, hatten eine Gesamtlänge von mehr als 400 Kilometern.

Bis zu 100 Millionen Kubikmeter Erdreich wurden in Las Médulas auf der Suche nach dem Edelmetall im wahrsten Sinn des Wortes umgedreht. Die Ausbeute fiel – im Verhältnis zum Aufwand – aber mager aus: Von den vielfach kolportierten 1600 Tonnen (!) Gold dürfte man weit entfernt gewesen sein. Untersuchungen jüngeren Datums sprechen von rund 5000 Kilo Gold, also einem Jahresertrag von etwa 25 Kilo. „Wirtschaftlich war das ein eher unprofitables Unterfangen. Auch damals konnte das über einen so langen Zeitraum hinweg nur ein verstaatlichter Betrieb leisten", sagt Archäologe Kühtreiber.

ALLE „ENTWEGE" FÜHREN NACH ROM

Im Vergleich zu den imposanten Spuren in Las Médulas wirkt der römische Bergbau bei Neunkirchen – zumindest auf Nicht-Archäologen wie den Fotografen und mich – auf den ersten Blick unsichtbar. Wer genauer hinschaut, stellt aber rasch fest, dass das stark bewaldete Gebiet von Rinnen und Senken unterschiedlicher Ausmaße regelrecht zerfurcht ist. Mittlerweile haben die Forscher hier fünf eindeutige Abbaubereiche geortet. Dazu gehörten mindestens neun Staubecken unterschiedlicher Größe. Jedes hatte eine Art Wasserleitung als Zulauf und einen Ablauf, der in die tiefen Gräben der eigentlichen Abbaubereiche führte. Mit dem Aushubmaterial wurden die Wälle zur Begrenzung der kleinen Stauseen aufgeschüttet, der imposanteste hat jetzt noch eine Höhe von 3,60 Metern. Das größte bisher untersuchte Becken ist 80 Meter lang und 40 Meter breit.

Schon länger erforscht, allerdings mit recht unterschiedlichen Ergebnissen, sind die verlandeten Kanäle, durch die das Wasser gesammelt und in die Staubecken geleitet wurde. Man sah in ihnen über Jahrhunderte hinweg die Überreste römischer Straßen, weshalb die Strecken im Volksmund „Entwege" genannt werden. Gegen diese Theorie spricht, dass sie weder Orte miteinander verbinden noch in ein Wegenetz eingebunden sind. Spannender lesen sich die Spekulationen über die Funktion

Auf den ersten Blick ein Wald wie jeder andere, auf den zweiten Blick ein römisches Goldbergbaugebiet.

Im Museum Neunkirchen sind Funde aus dem römischen Bergbaugebiet zu sehen.

der, wie wir nun wissen, Becken. Sie wurden lange Zeit für prähistorische Kultstätten und später für Munitionslager aus den Weltkriegen gehalten.

Mittlerweile besteht kein Zweifel mehr daran, dass hier Bergbau betrieben wurde. Die Vermessung von zwei „Entwegen" – der eine ist 25, der andere 6,2 Kilometer lang – hat ergeben, dass ihr durchschnittliches Gefälle der im römischen Reich üblichen Bauweise für Wasserleitungen entspricht. Dazu kommen die bis dato noch nicht näher untersuchten Gräben und Rinnen unterhalb der Staubecken, die durch das Ausschwemmen entstanden sind. Sie enden in weiteren Staubecken, die ebenfalls von Erdwällen begrenzt werden. Dazwischen befanden sich vermutlich die Holzrinnen zum Auffangen der erhofften Goldflitter.

Aus zahlreichen Funden lässt sich ableiten, dass die Römer bei Neunkirchen vom 2. bis ins 4. Jahrhundert „gegartelt" haben, wie es der Fotograf respektlos, aber originell nennt. Die zeitliche Eingrenzung der Bergbautätigkeit ermöglichen vor allem Münzen, die damals verloren worden sind. Außerdem gruben die Archäologen Holzbearbeitungs-, Bergbau- und Schmiedewerkzeug aus. Alle Utensilien dienten dem übergeordneten Unternehmenszweck: Äxte & Co. brauchte man, um das Holz für das Zimmern der Waschrinnen zu gewinnen und zu bearbeiten. Mit dem Bergbauwerkzeug ließ sich die Oberfläche der Lagerstätte vor dem Ausschwemmen lockern. Und das Schmiedewerkzeug diente der Herstellung beziehungsweise der Reparatur aller anderen Hilfsmittel.

UNTER MILITÄRISCHER AUFSICHT AUSGEBEUTET

Bemerkenswert ist die Entdeckung einer Tiegelzange. Solche Werkzeuge werden bis heute beim Gießen von Metall verwendet, um nach den glühend heißen Tiegeln zu greifen (daher ihr Name). „Der Fund im Umfeld des Abbaubereichs kann als Hinweis darauf gedeutet werden, dass man das gewonnene Seifengold zum Weitertransport vor Ort zu Barren gegossen hat", sagt Archäologin Cech. Zu dieser Annahme passen die ebenfalls ausgegrabenen Gewichte aus Blei in den Gewichtseinheiten von 20 römischen Unzen (545,76 Gramm) bis zum Achtel einer Unze (17,05 Gramm). Ein weiterer Beweis für den römischen Bergbau sind militärische Fundstücke wie der Tragegriff eines Helms oder Gürtelschnallen und Beschläge. „Die Goldgewinnung war ein staatliches Monopol und wurde stets unter militärischer Aufsicht durchgeführt", erklärt Cech.

Was die Lagerstätte im Lauf der Zeit an Edelmetall hergegeben hat, bleibt vorerst offen. Die Archäologen haben die Erforschung des Bergbaugebiets noch lange nicht abgeschlossen. Schatzsucher und Glücksritter können sich die Suche nach dem niederösterreichischen Las Médulas trotzdem sparen. Wenn überhaupt noch Seifengold vorhanden ist, dann schlummert es nur in „außerordentlich geringen Mengen", wie es Kollege Kühtreiber formuliert, im Erdreich. Dort mit Schaufel und Spitzhacke aufzukreuzen, bringt nichts – außer Ärger, wenn man dabei erwischt wird.

INFO & KONTAKT

ARCHÄOLOGISCHER PARK MAGDALENSBERG
Magdalensberg 15
9064 Magdalensberg
www.landesmuseum.ktn.gv.at

Die Überreste der römischen Stadt können von 1. Mai bis 31. Oktober besichtigt werden. Der archäologische Park ist in diesem Zeitraum immer von Dienstag bis Sonntag jeweils von 9 bis 17 Uhr geöffnet.

STÄDTISCHES MUSEUM NEUNKIRCHEN
Dr.-Stockhammer-Gasse 13
2620 Neunkirchen
www.museum-neunkirchen.at

Das Museum, in dem auch Funde aus dem römischen Bergbaugebiet ausgestellt sind, hat ganzjährig Freitag und Samstag von 14 bis 18 Uhr geöffnet (ausgenommen sind Feiertage sowie Karfreitag und Karsamstag).

DIE GOLDMACHER

Kirchberg am Wagram, Niederösterreich

Zwischen Himmel und Hölle liegt oft nur ein Wort. „Verdammt", hallt es für die heiligen Hallen ungewöhnlich unchristlich und laut durch die Kapelle von Schloss Oberstockstall. Der Fotograf ist, wie er später zu Protokoll geben sollte, gerade knapp an einem Herzinfarkt vorbeigeschrammt. Die Holztür, die von dem schmucklosen kleinen Gotteshaus in die sogenannte Sakristei führt, hat sich vor seinen Augen wie von Geisterhand selbst geöffnet. Langsam. Und unter großem Ächzen. Wie im Film. Ich verkneife mir die altkluge Bemerkung, dass man sich im Durchzug den Tod holen kann, und klopfe dem Fotografen aufmunternd auf die Schulter. Wir werden alle nicht jünger.

Hinter der Tür, die wir nun dankenswerterweise nicht mehr mit Muskelkraft öffnen müssen, erwartet uns ein unspektakulärer Anblick. Der Raum ist bis auf zwei wacklige Stühle und eine windschiefe Kommode *Die Kapelle von* leer. Auf dem Kastl, wie man Möbelstücke dieser Art in Österreich gerne *Schloss Oberstockstall.* nennt, stehen drei Kerzen. In den Regalen herrscht ein sakrales Tohu-

wabohu: noch mehr Kerzen, Kerzenständer und dazwischen eine leere katholische Kassa (der Korb für die Kollekte beim Gottesdienst). Auf einer Fensterbank stehen sieben Gläser mit weißem Pulver. Zwei sind von Hand beschriftet worden. „Bergkristall II", steht auf dem einen, „Nicht genau?" auf dem anderen. Wir lassen die Finger davon.

Vielleicht sind sie eine mehr oder weniger originelle Anspielung auf die frühere Nutzung der Sakristei, die uns hierher in den Süden des Weinviertels geführt hat: Der Raum diente als Alchemisten-Laboratorium. Was im ersten Moment sagenhaft wie eine Gespenstergeschichte klingt, ist durch einen weltweit einzigartigen Fund untermauert. 1980 war der damals 10-jährige Sohn des Schlossbesitzers wieder einmal auf Schatzsuche im historischen elterlichen Anwesen. Dabei entdeckte er, dass sich in der Sakristei einige Fußbodenziegel gesenkt hatten. Sie waren mit Papas und Opas Hilfe leicht zu entfernen. Darunter stießen die Hausherren auf einen Hohlraum, der tatsächlich mit einer Art Schatz gefüllt war.

Die knapp 1,5 Meter breite und mehr als 3 Meter tiefe Grube war mit Scherben von Keramik- und Glasgefäßen, Werkzeugen aus Metall, Holzkohle, Erz- und Mineralienproben sowie Ziegel- und Kachelteilen gefüllt. Insgesamt konnten Archäologen bei einer anschließenden Grabung Bruchstücke von mehr als 1 000 Objekten bergen. Sie stellen die beinahe komplette Einrichtung eines Alchemisten-Laboratoriums aus dem 16. Jahrhundert dar. „Unsere Untersuchungen haben gezeigt, dass es sich um einen sogenannten geschlossenen Fund handelt. Das heißt, alle Objekte sind zur selben Zeit in der Grube deponiert worden", erklärt uns später Archäologin Sigrid von Osten.

Sie hat die Ausgrabungen von Anfang an geleitet und kümmert sich bis heute um die weitere Aufarbeitung. „Der Fundkomplex enthält das volle Spektrum der Geräte, die in diesem Laboratorium in Verwendung gestanden sind. Das Inventar bietet Einblick in den Arbeitsalltag, man kann einem Renaissance-Alchemiker sozusagen über die Schulter schauen", schwärmt von Osten. Für den Anschauungsunterricht sind wir von Schloss Oberstockstall in das von der Archäologin eingerichtete Alchemiemuseum gewechselt, das sich im rund einen Kilometer entfernten Alten Rathaus von Kirchberg am Wagram befindet. Vorher gibt's aber eine allgemeine Einführung in das Thema. Wahrscheinlich hat uns die Expertin an der Nasenspitze angesehen, dass wir noch immer eine gewisse Grundskepsis mit uns herumschleppen.

ZUERST PRAKTISCH, DANN MAGISCH

Die Anfänge der Alchemie reichen bis 3500 v. Chr. zurück, die ältesten bekannten Aufzeichnungen stammen aus Griechenland und dem hellenistischen Ägypten. Damals stand der technische Aspekt im Vordergrund. Forscher nennen das „praktische Chemie". Es ging um die Produktion von Stoffen für den täglichen Bedarf: für Färberei und Gerberei, die Herstellung von Keramik und Glas, Kosmetika und Medikamenten, aber auch Wein und Bier. Man wusste über die wichtigsten Metalle sowie deren Verhüttung Bescheid und kannte einfache Formen der Destillation und Extraktion.

Einen zunehmend magischen Anstrich bekam diese Kunst ab dem 6. Jahrhundert v. Chr mit der Entwicklung der Naturphilosophie in Griechenland, die sich mit der Entstehung und dem Aufbau der Welt beschäftigte. Die damals prägende Vier-Elemente-Lehre sollte die Alchemie bis ins 17. Jahrhundert bestimmen. Ihr zufolge besteht alle Materie aus den vier „Grundelementen" Feuer, Wasser, Luft und Erde, nur in unterschied-

licher Konzentration und Mischung. Basierend darauf prägte der Philosoph Aristoteles um 350 v. Chr. die Transmutationslehre. Er schrieb den Grundelementen je zwei „Ureigenschaften" zu. Durch deren Veränderung, so seine Theorie, sollte eine Umwandlung der Materie möglich sein. Das klingt spektakulär und klappt sichtbar zumindest in einem Fall: Wenn kochendes Wasser verdampft, wird es gasförmig.

Aus dem 2. oder 3. Jahrhundert n. Chr. dürfte die *Tabula Smaragdina* stammen. Der Text galt unter Alchemisten bis zum Übergang des Berufsstandes in die moderne Chemie und Pharmakologie im 18. Jahrhundert als Pflichtlektüre. Er wird Hermes Trismegistos zugeschrieben, dessen Name auf eine Verschmelzung des griechischen Gottes Hermes mit dem ägyptischen Gott Thot zurückgeht. Noch abenteuerlicher als der sagenhafte Autor klingen die Legenden über die Auffindung der

Tabula Smaragdina: Einer Überlieferung zufolge soll der Text auf zwei Säulen oder Tafeln aus Smaragd (daher der Name) in der Cheopspyramide entdeckt worden sein. Die biblisch angehauchte Version schreibt die Entdeckung hingegen Sara, der Frau Abrahams, zu. Inhaltlich ist die ursprünglich wohl griechische und später vor allem in ihrer lateinischen Fassung verbreitete Schrift eine Sammlung von – je nach Version – zwölf bis fünfzehn schwer verständlichen Sätzen, die breiten Interpretationsspielraum lassen. Eine Geheimlehre im wahrsten Sinn des Wortes.

Durch Einflüsse dieser Art verschmolzen die praktische Chemie des Altertums, die klassische Naturphilosophie und diverse spirituelle Offenbarungen schon früh zur „ganzheitlichen" Alchemie, wie wir sie aus Filmen und Romanen kennen. Vor allem Transmutationsversuche, also die Veränderung von Materie, hatte über die praktischen Vorgänge im Laboratorium hinaus plötzlich eine zusätzliche psychische Komponente. Ihr Gelingen wurde durch religiös-philosophische Einflüsse und das, was sich beim Vorgang im Kopf und/oder der Seele des Alchemisten abspielte, quasi zur Glaubensfrage. Ägypter, Griechen, Römer, Chinesen, Inder und Araber frönten mit zum Teil unterschiedlichen, oft aber auffallend ähnlichen Methoden dieser Kunst. Ein Sammelsurium ihres Wissens bildete, ergänzt durch die damals obligatorischen christlich-theologischen Aspekte, die Basis der mittelalterlichen Alchemie in Europa.

STEIN DER WEISEN

Die Ziele, die man verfolgte, waren – aus heutiger naturwissenschaftlicher Sicht betrachtet – durchaus ambitioniert. Man suchte vor allem nach dem Stein der Weisen. Er sollte durch Kontakt oder Verschmelzen unedle Metalle zu edlen machen, idealerweise natürlich gleich zu Gold. Gesucht, aber ebenfalls nie gefunden haben die Alchemisten außerdem das Elixier des Lebens. Von diesem Wundermittel erhoffte man sich Unsterblichkeit und zuvor eine Heilung aller Krankheiten und Wunden, weil ja kein Unsterblicher bis in alle Ewigkeit krank sein will. Archäologin von Osten überlegt kurz, ob sie uns das Geheimnis anvertrauen soll, rückt dann aber doch noch grinsend mit der Sprache heraus: „Ich habe das Elixier des Lebens gefunden. Einfach frische Himbeeren mit ein wenig weißem Kandiszucker in ausreichend Gin ansetzen!"

Abseits utopischer Wünsche stellten sich in den Laboratorien durchaus Erfolge ein. So dürfte die Erfindung des Schwarzpulvers auf Alchemisten zurückgehen, jedoch nicht auf den in diversen Überlieferungen bemühten Franziskanermönch Berthold Schwarz, sondern auf frühere Generationen. Von Schwarz wird berichtet, dass er Mitte des 14. Jahrhunderts im Breisgau, im heutigen deutschen Bundesland Baden-Württemberg,

gelebt haben soll, wobei die Betonung auf „soll" liegt. Mittlerweile geht man nämlich davon aus, dass er eine reine Sagengestalt ist.

Die Legende gilt aber als bezeichnendes Beispiel für die damalige Vorstellung vom Wirken der Alchemisten und ihren manchmal zufälligen Entdeckungen. Demnach soll Schwarz bei einem Experiment Salpeter, Schwefel und Holzkohle in einem Mörser zerstampft haben. Danach stellte er das Gemisch samt Stößel auf den Ofen und verließ den Raum. Wenig später kam es zur Explosion. Als Schwarz und die anderen Mönche herbeieilten, steckte der Stößel in einem Deckenbalken. Sogar nach einer Berührung mit den Reliquien der heiligen Barbara habe man ihn nicht mehr herausziehen können.

Historisch belegt ist das Leben und Wirken des Alchemisten Johann Friedrich Böttger. Sein Schicksal zeigt, dass diese Wissenschaft auch außerhalb der Laboratorien eine gefährliche Angelegenheit sein konnte. 1701 soll der in Berlin lebende Apothekerlehrling bei einer öffentlichen Vorführung Silber- in Goldmünzen umgewandelt haben. Im Handumdrehen wurde er zu einem begehrten Mann. Gleich zwei Monarchen setzten ein Kopfgeld auf Böttger aus, um mit seinen Fähigkeiten ihre Kassen zu füllen: Friedrich I., König von Preußen, und August I., genannt „der Starke", Kurfürst von Sachsen und in Personalunion König von Polen.

August war schließlich – gemäß seinem Beinamen – stärker. Er ließ den Alchemisten unter Schutzhaft stellen, was einer Versklavung gleichkam, und ihn zunächst nach Dresden bringen. 1708 gelang Böttger gemeinsam mit dem Naturforscher Ehrenfried Walther von Tschirnhausen die Herstellung des ersten europäischen Hartporzellans, das der Volksmund umgehend „weißes Gold" taufte. Auftraggeber August I. von Sachsen gründete wenig später die bis heute weltberühmte Porzellanmanufaktur Meissen. 1714 wurde Böttger aus der Schutzhaft entlassen, musste aber, um das Wissen über die Porzellanherstellung zu schützen, in Sachsen bleiben. Auf Drängen des Herrschers nahm er die Versuche Gold herzustellen wieder auf. Der Alchemist starb 1719 im Alter von 37 Jahren an den Folgen seiner Experimente mit giftigen Substanzen.

EXPLOSIONS- UND FEUERSICHERE UMGEBUNG

Um die Gefahren, die mit dem „Goldmachen" verbunden waren, wusste man schon 200 Jahre zuvor in Oberstockstall Bescheid. Das Laboratorium im Nebenraum der gotischen Kapelle wurde bei einem Umbau des Schlosses 1548 errichtet. Es bestand aus der Sakristei und dem darüberliegenden Raum, in den man über eine gemauerte Treppe gelangt. „Die Mächtigkeit der Mauern und die Kompaktheit des noch erhaltenen Gewölbes deuten darauf hin, dass man hier ganz bewusst eine explosions- und feuersichere Umgebung geschaffen hat", sagt Archäologin von Osten. Die baulichen Voraussetzungen und die mehr als tausend Fundstücke aus der Grube lassen für sie – im Vergleich zu den Inventarlisten anderer zeitgenössischer Laboratorien – nur einen Schluss zu: „Das war eine High-Tech-Forschungsstätte des 16. Jahrhunderts."
Durch die Rückstände in den Geräten und Gefäßen ist nachweisbar, dass in Oberstockstall alle damals gängigen chemischen Verfahren zur Anwendung gekommen sind: von der Destillation über die Kupellation (die Trennung von Gold oder Silber aus Legierungen mit unedleren Metallen durch den Einsatz von Blei) bis hin zu diversen Amalgamationstechniken, bei denen Quecksilber als Lösungsmittel eingesetzt wird. Man stellte Arzneimittel her, nahm Metalle und Erzproben unter die Lupe, untersuchte Münzen auf ihren Feingehalt an Gold und forschte. „Bemerkenswert ist, dass wir Gerätschaften, die gleichen Verfahren zugeordnet werden können, aus unterschiedlichen Materialien mit unterschiedlichen Oberflächen gefunden haben. Das zeigt, dass die hier tätigen Alchemisten über die Problematik der Kontaktoberflächen bei chemischen Prozessen Bescheid gewusst und dementsprechende Versuche durchgeführt haben", erklärt uns Sigrid von Osten.
Für Transmutationsexperimente sowie die Suche nach dem Stein des Weisen und dem Elixier des Lebens fehlen in Oberstockstall eindeutige archäologische Beweise. „Es darf aber angenommen werden, dass sie

auch in diesem Laboratorium zum Alltag gehörten", ist von Osten überzeugt. In den Schmelztiegeln und Aschkupellen (das sind Probierschalen mit besonders dickem Boden) fand man Gold und Silbertropfen. Das Edelmetall ist – vom heutigen Standpunkt aus wenig überraschend – nicht hergezaubert worden. „Alle von uns untersuchten Rückstände dieser Art sind auf einer soliden metallurgischen Basis gewonnen worden", formuliert es die Archäologin.

MYSTERIÖSE TODESFÄLLE

Bleibt die spannende Frage: Wer waren die Alchemisten von Oberstockstall? Das ist einfach zu beantworten, wenn man die frühere Bedeutung des rund 50 Kilometer westlich von Wien gelegenen Ortes in Betracht zieht. Die heutige Abgeschiedenheit täuscht. Im 16. Jahrhundert gehörte die Urpfarre St. Stephan ob Wachrain (das heutige Kirchberg am Wagram) dem Domkapitel Passau. Schloss Oberstockstall war der dazugehörige Pfarrhof. Die meist adeligen Domherren verwalteten von hier aus den großen Besitz des Bistums Passau in Österreich.

Von 1538 bis 1552 war Christoph von Trenbach Pfarrherr von Kirchberg. In seine Ära fallen der Umbau des Schlosses und die Errichtung des Laboratoriums 1548. Obwohl er mittlerweile zum Domprobst von Passau aufgestiegen war, behielt er die Pfarre Kirchberg und lebte meist in Oberstockstall. 1552 starb Christoph von Trenbach im Alter von 41 Jahren unter mysteriösen Umständen. Die Familienchronik berichtet

Große Teile des weltweit einzigartigen Fundes sind im Alchemiemuseum in Kirchberg am Wagram ausgestellt.

von einer kurz zuvor erfolgten Begegnung mit einem an der Pest erkrankten Knaben. Den Domherrn dürfte danach ein Arzneimittel, das er gegen eine Ansteckung mit der Pest eingenommen hatte, das Leben gekostet heben.

Es gibt Indizien dafür, dass er sich selbst mit Alchemie beschäftigt hat. Laut Familienchronik litt er unter Nasenbluten und anderen chronischen Beschwerden – das könnte ein Hinweis auf eine Blei- oder Quecksilbervergiftung sein. Außerdem hinterließ Christoph von Trenbach einen Haufen Schulden. Zu seinen Gläubigern zählte der Kremser Arzt und Apotheker Wolfgang Kappler, der in Alchemistenkreisen kein Unbekannter war. Um welche Geschäfte es sich dabei handelte, ist leider nicht überliefert.

Die Schulden bei Kappler beglich schließlich Christoph von Trenbachs jüngerer Bruder Urban, der ihm als Pfarrherr in Kirchberg nachfolgte. Obwohl die Beweise dafür fehlen, liegt die Vermutung nahe, dass er die Arbeiten im Laboratorium fortgeführt hat oder zumindest fortführen ließ. Über Urban von Trenbach steht in der Familienchronik, dass er sich gerne mit Astronomie sowie den „Weissagekünsten" Geomantie (der hellseherischen Deutung von Markierungen und Mustern in Erde, Sand und Steinen) und Chiromantie (Handlesen) beschäftigt hat. 1561 wurde er vom Domkapitel in Passau zum Bischof gewählt.

KEIN GRUND ZUR GEHEIMHALTUNG

Das Laboratorium in Oberstockstall wird in der Trenbach-Chronik mit keinem Wort erwähnt, was Archäologin von Osten erstaunlich findet. „Es hat keinen Grund gegeben, etwas geheim zu halten. Die Beschäftigung mit Alchemie ist eine Kunst gewesen, die man allgemein, aber besonders in Adelskreisen gepflegt hat", sagt sie. Als bestes Beispiel dafür gilt Kaiser Rudolf II., ein Zeitgenosse der Brüder Trenbach. Er betrieb in Prag selbst ein Laboratorium und beschäftigte zahlreiche Forscher. Von Osten geht davon aus, dass mit Oberstockstall ein wissenschaftlicher Austausch stattgefunden hat: „Prag liegt ja selbst für die Verhältnisse im 16. Jahrhundert nicht allzu weit entfernt."

Historische Quellen belegen, dass die Trenbacher mit vielen Persönlichkeiten in Verbindung standen, die Bergbau und Alchemie betrieben. Die Untersuchungen an den Erzproben und Mineralien aus verschiedenen Lagerstätten, die man in der Grube in Oberstockstall gefunden hat, könnten Auftragsarbeiten gewesen sein. Es war deshalb wohl kein Zufall, dass die Pfarre Kirchberg und damit das Laboratorium 1570 von Victor August Fugger übernommen wurden. Die ebenso verzweigte wie legendäre Familie des Passauer Domherrn mischte kräftig

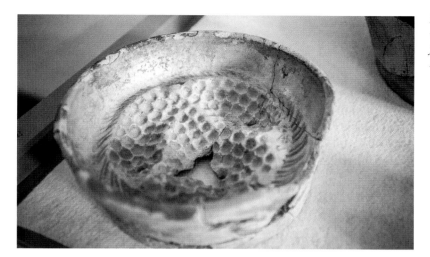

*Das Laboratorium
verfügte über eine –
für die damalige Zeit –
High-Tech-Ausstattung.*

im Bergbau mit, unter anderem im Kärntner Bleiberg und im Tiroler Schwaz.

Außerdem galt Victor August Fugger als begeisterter Alchemist. Ihm wurde 1574 sogar ein Lexikon chemischer Ausdrücke gewidmet – ein zu dieser Zeit üblicher Dank für „Sponsoren". Herausgeber war der Arzt Michael Toxites, der damals berühmteste Forscher auf den Spuren des 1541 verstorbenen Mediziners und Alchemisten Paracelus. Im Vorwort des Lexikons vergleicht er das Chaos bei chemischen Fachbegriffen mit der babylonischen Sprachverwirrung aus der Bibel: „Denen, die sich mit den Schriften des Hermes Trismegistos und ähnlicher Philosophen und besonders des Theophrastus Paracelsus beschäftigen, widerfährt – wie ich sehe – ungefähr, was den Söhnen Sems beim Turmbau an Verwirrung zustieß."

Victor August Fugger starb 1586, in seinem 39. Lebensjahr, unter ungeklärten Umständen in Wien. Als Pfarrherr von Kirchberg folgte ihm sein Bruder Sigmund Friedrich Fugger nach. Aus seiner Zeit in Oberstockstall stammt die bislang einzige historische Nennung des Laboratoriums. Sie findet sich in einem 1595 aufgenommenen Verhörprotokoll des kleinen alchemistischen Betrügers Michael Polhaimer. Er hatte im heute baden-württembergischen Weikersheim an der Tauber Graf Wolfgang II. von Hohenlohe seine Dienste angetragen und versprochen, Quecksilber in reines Silber umzuwandeln. Dafür gab's einen erheblichen Vorschuss, mit dem Polhaimer allerdings das Weite suchte. Wenig später wurde er in Nürnberg verhaftet. Im Verhör gab er an, in Kirchberg „7 mail ober Wien" ein Dreivierteljahr bei Sigmund Friedrich Fugger „gekunstelt" zu haben.

KATASTROPHALES ENDE

Wie lange in Oberstockstall generell „gekunstelt" wurde, ist nicht bekannt. Durch die Umbaupläne von 1548 und diverse Beifunde wie eine Formschüssel mit der Jahreszahl 1549, eine Inschrift mit der Jahreszahl 1577 und einen Kärntner Pfenning aus dem Jahr 1595 lässt sich zumindest die besonders aktive Zeit auf die zweite Hälfte des 16. Jahrhunderts eingrenzen, also auf die Ära der Trenbacher und Fugger. Die Entsorgung der gesamten Gerätschaft in der 1980 entdeckten Grube ist laut von Osten auf eine Katastrophe zurückzuführen. Es musste damals wohl schnell gehen. „Aus zeitgenössischen Quellen ist bekannt, dass man Schmelztiegel und Aschkupellen normalerweise wieder aufbereitet hat. Sie wurden in der Regel nicht, wie wir es hier vorgefunden haben, mit den Edelmetall- und Bleioxid-Rückständen weggeworfen", erklärt die Archäologin. Für die Katastrophe, die von Osten vermutet, kommt das nach seinem

Epizentrum benannte Neulengbacher Erdbeben vom 15. September 1590 infrage. Es wird auf die Stärke 6 (Richterskala) geschätzt und gilt als schwerstes bekanntes Beben, das Wien und Niederösterreich bis dato erschüttert hat. Nicht auszuschließen ist aber auch ein schwerer Unfall im Laboratorium oder eine Kombination aus beiden Ereignissen, also ein Unfall infolge des Erdbebens.

Kein Opfer dieser Katastrophe ist das im Alchemiemuseum in Kirchberg am Wagram ausgestellte menschliche Skelett, das der Fotograf freundlich mit „Hey, Kumpel" begrüßt. Es wurde zwar bei einer weiteren Ausgrabung in der Sakristei gefunden, stammt aber aus einer Zeit weit vor der Errichtung des Schlosses. Der 50- bis 60-jährige Mann ist um 2000 v. Chr. hier bestattet worden. Von den in der frühen Bronzezeit üblichen Beigaben fand man nur eine abgebrochene Feuersteinklinge und Kupferspiralröllchen. Den Rest dürften sich Grabräuber schon kurz nach der Bestattung geholt haben.

Das Museum ist das Lebenswerk der Archäologin Sigrid von Osten. Neben den anschaulichen Eindrücken, die man von der Arbeit der Alchemisten gewinnt, beeindruckt uns vor allem ein Fundstück: der Truhenläufer. Das nur 11,5 Millimeter hohe und 17 Millimeter lange Figürchen besteht aus reinem Silber und zeigt einen Bergmann mit einem Schubkarren. Der Truhenläufer entspricht exakt den Abbildungen, die in Schriften über den Bergbau im 16. Jahrhundert zu sehen sind. Er könnte zu einem sogenannten Handstein gehört haben. Das waren besonders schöne Erzstufen, die man zusammen mit Kristallen zu einer „Landschaft" zusammensetzte. Kostbar gefasst, dienten sie als Kulisse für die Darstellung von Bergbauszenarien und waren damit quasi eine „Modelleisenbahn für Montanisten". Wir fahren vom Museum noch einmal zurück nach Oberstockstall. Der Fotograf glaubt, dass das Licht nun besser ist, um Kapelle und Schloss von außen aufzunehmen. Erst jetzt fällt uns auf, dass die Hauptstraße, die durch die Ortschaft führt, ein Wegweiser in die Vergangenheit ist. Sie heißt Alchemistenstraße. Mit dem Motiv kann sich der bis zu diesem Ausflug stets furchtlose Fotograf

Urban von Trenbach beschäftigte sich auch mit „Weissagekünsten".

Weitere Gerätschaften der Alchemisten von Oberstockstall.

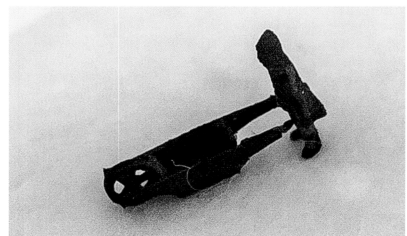

Das Truhenläufer-Figürchen ist 11,5 Millimeter hoch und 17 Millimeter lang. Es besteht aus reinem Silber.

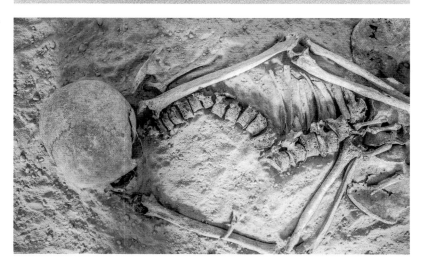

Das Skelett aus der Bronzezeit.

noch immer nicht anfreunden, was aber hauptsächlich atmosphärische Gründe hat. „Spooky ist es da", murmelt er und beweist, dass er beim Gespräch mit von Osten aufgepasst hat: „Wir sollten schnell einen Transmutationsversuch in eigener Sache unternehmen und uns verflüchtigen."

INFO & KONTAKT

SCHLOSS OBERSTOCKSTALL
Oberstockstall 1
3470 Kirchberg am Wagram
www.gut-oberstockstall.at

Das Schloss beherbergt ein Weingut und ein dazugehöriges Restaurant, auch Gästezimmer werden vermietet. Kapelle und Sakristei können auf Anfrage besichtigt werden.

ALCHEMIEMUSEM
Altes Rathaus
Marktplatz 31
3470 Kirchberg am Wagram
www.kirchberg-wagram.at

Das Museum ist jeden Samstag von 14 bis 17 Uhr sowie auf Anfrage geöffnet. Führungen: Dr. Sigrid von Osten, Tel. 02279/29763, Sigrid.von.Osten@gmx.net

Gutes Geschäft

DER STAATSSCHATZ

Österreichs Goldreserven

Grapschen ist ausdrücklich erlaubt. Und ich muss zugeben: Es fühlt sich gut an, aber gleichzeitig auch hart, kalt und schwer. 12,5 Kilogramm schwer, um genau zu sein. Der Goldbarren zum Anfassen im Geldmuseum der Österreichischen Nationalbank in Wien entspricht damit exakt 400 Unzen. Sein Wert schwankt. Wer ihn auf Euro und Cent tagesaktuell wissen will, muss einen der vielen Goldpreisrechner im Internet bemühen. Mir reicht in diesem Moment das erhebende Gefühl, dass der natürlich videoüberwachte Klumpen, den ich in der Hand halte, in diesem Moment um die 400 000 Euro kostet. Da kommt es auf ein paar „Zerquetschte" wirklich nicht an.

Das in einer durchsichtigen Box mit „Grapsch-Öffnung" ausgestellte Objekt der Begierde sieht tatsächlich genau so aus wie in den Filmen „Goldfinger" (1964) oder „Stirb langsam: Jetzt erst recht" (1995), um nur zwei von x Beispielen zu nennen. Fachleute würden von einem Standardbarren sprechen. Die 400-Unzen-Teile werden fast ausschließlich von Großanlegern und Notenbanken verwendet beziehungsweise, was den Sinn der Sache besser trifft, gelagert. In Barren dieser Größe horten die Staaten dieser Welt ihre Goldreserven.

Früher wurde damit der sogenannte Goldstandard sichergestellt. Er sah vor, dass die Notenbanken einen festen Umtauschkurs ihrer Geldscheine zu Gold garantieren mussten. Jedes Land war also gezwungen, den Gegenwert seiner im Umlauf befindlichen Banknoten immer in Edelmetall lagernd zu haben. Das hat man mittlerweile international abgeschafft, die letzte Form einer Goldbindung von Währungen und Wechselkursen ist 1973 gefallen. Goldreserven sind seither nicht mehr verpflichtend, aber beinahe jedes Land hat sie noch: als währungsunabhängigen Notgroschen für Krisenzeiten.

Der Staat Österreich folgt dabei offenbar dem vorsichtigen Naturell seiner Bürger und geht auf Nummer supersicher. Im internationalen Vergleich (Stand 2014) schafft es die Alpenrepublik mit ihren 280 gebunkerten Tonnen noch knapp unter die Top-20-Länder, die – angeführt von den USA mit 8133,5 Tonnen – über die größten Reserven verfügen. Wobei „groß" in diesem Zusammenhang nicht wortwörtlich zu verstehen ist. Zusammengeschlichtet würden die Barren der Österreichischen Nationalbank nämlich nur einen Quader mit einer Seitenlänge von 2,4

Metern bilden. Dafür ist der Haufen einige Milliarden Euro wert. Ein Tipp, falls Sie für die genaue Zahl wieder auf einen Online-Goldpreisrechner zurückgreifen wollen: Fehlerfreies Umrechnen auf Gramm oder Kilo im Vorfeld hilft, Tonnen „verstehen" die Programme nicht.

GOLD WIRD HEIMGEHOLT

Wo die österreichischen Goldreserven gelagert werden war bis 2013 ein Geheimnis, um das sich wilde Gerüchte rankten. Man wusste nur, dass sich ein Großteil seit Jahrzehnten aus historischen Gründen im Ausland befand. Zur Zeit des Kalten Krieges wollte das kleine, neutrale und zwischen den Blöcken der Großmächte eingeklemmte Österreich seinen Notgroschen in Sicherheit wissen. Als Europa später längst vereint war, befeuerte aber genau dieser Umstand einige Verschwörungstheorien, die man wie folgt zusammenfassen kann: Fremde Mächte, allen voran die USA, könnten sich an unserem Gold vergreifen oder sogar schon vergriffen haben.

Die FPÖ und das damals noch im Nationalrat vertretene BZÖ bombardierten ab 2008 einen Finanzminister nach dem anderen mit parlamentarischen Anfragen zu dem Thema, doch die Verantwortlichen gaben sich zugeknöpft. 2012 erbarmte sich schließlich der Rechnungshof und kündigte eine genaue Überprüfung der Goldreserven an. Das Ergebnis wurde im Februar 2015 präsentiert und fiel in zumindest einem Punkt

So fühlt sich Reichtum an: Goldbarren zum Anfassen.

Im Geldmuseum der Nationalbank in Wien ist auch die größte Goldmünze der Welt zu sehen. In diesen Philharmoniker sind 31 Kilo Gold geflossen.

erfreulich aus: Alle 280 Tonnen waren noch da. Die Prüfer bemängelten allerdings die, wie es im Bericht heißt, „Streuung der Lagerorte".

Sie glich zu diesem Zeitpunkt tatsächlich eher einer Schwerpunktsetzung als einer Aufteilung: 80 Prozent der heimischen Reserven befanden sich in Großbritannien, 17 Prozent in Österreich und 3 Prozent in der Schweiz. Durch das viele bei der „Bank of England" in London liegende Gold sei die Nationalbank einem – auch im Vergleich mit anderen europäischen Zentralbanken – „hohen Konzentrationsrisiko" ausgesetzt, kritisierte der Rechnungshof. Außerdem setzte es für die Verantwortlichen eine Schelte wegen der Verträge mit den Lagerstellen und wegen der vor Ort durchgeführten Kontrollen. Beide fanden die Prüfer „mangelhaft und unzureichend".

Die Nationalbank wies die Kritik zurück, erarbeitete in der Folge aber ein neues Lagerstellenkonzept. Es sieht vor, dass bis zum Jahr 2020 die Hälfte der Goldreserven schrittweise nach Österreich gebracht wird. Der Rest bleibt in London, dem international wichtigsten Platz für den physischen Handel mit dem Edelmetall, beziehungsweise in der Schweiz. Wann und wie der Staatsschatz zurück in die Alpenrepublik transportiert wird, hält man streng geheim. Es ist davon auszugehen, dass die Verlagerung in kleineren Einheiten und, natürlich, versichert erfolgt. 15 Tonnen sind 2015 bereits nach Wien gebracht worden.

Dass Rückholaktionen ihren Preis haben, zeigt ein Blick nach Deutschland. Dort ist man seit 2013 damit beschäftigt, das zum Großteil im Ausland gebunkerte Gold wieder ins Inland zu verlagern. Wie in Österreich will man bis spätestens 2020 die Hälfte des in diesem Fall rund 3400 Tonnen schweren Staatsschatzes innerhalb der eigenen Grenzen wissen. Im ersten Jahr wurden 32 Tonnen aus Paris und 5 Tonnen aus New York in kleinen Tranchen per Flugzeug nach Frankfurt gebracht. Allein dafür betrugen die Kosten – inklusive Versicherung und Umschmelzung der Barren aus New York vom US- auf den europäischen Standard – 600 000 Euro.

DIE WAHREN GEFAHREN

Österreich wird wohl nicht so tief in die Tasche greifen müssen. Unsere Barren passen. Und auch für die Lagerung in Wien hat man dem Vernehmen nach schon vorgesorgt. Im Keller der Nationalbank befinden sich Tresorräume mit 30 Zentimeter dicken Stahltüren. Plünderungsversuche in Hollywood-Manier sind unwahrscheinlich. Man kann es nicht besser formulieren als die Journalistin Rosemarie Schwaiger, die 2012 über die damals noch geheimen Aufenthaltsorte des Staatsschatzes im Magazin „profil" geschrieben hat: „Selbst wenn bekannt würde, wie viel Gold in Österreich lagert, kämen heimische Dämmerungseinbrecher wohl nicht auf die Idee, den Tiefenspeicher der Nationalbank auszuräumen. Solche Plots gibt es nur auf der Kinoleinwand. Im richtigen Leben ist der Bankomat ums Eck für die meisten Ganoven Herausforderung genug."

Die größte und vermutlich einzige Gefahr für die aktuell noch 280 Tonnen Gold im Eigentum der Österreicher geht von der Politik aus, obwohl die Nationalbank offiziell natürlich stets unabhängig agiert. Immer wieder wurden Reserven aufgelöst, zuletzt rund 100 Tonnen in der Ära

Links: Hinter solchen Stahltüren lagern Österreichs Goldreserven.

Rechts: Blick ins Geldmuseum.

des blau-schwarzen Finanzministers Karl-Heinz Grasser, der Cash für sein Nulldefizit brauchte. Vor ihm waren andere, jedoch nicht minder „fleißige" Großkoalitionäre am Werk. 1990 hatte unser Land noch rund 645 Tonnen Edelmetall auf der hohen Kante. Mehr als die Hälfte davon ist weg. Der Rest scheint uns erhalten zu bleiben: Seit dem Amtsantritt von Nationalbank-Gouverneur Ewald Nowotny 2008 hat die Nationalbank kein Gold verkauft.

INFO & KONTAKT

GELDMUSEUM DER ÖSTERREICHISCHEN NATIONALBANK
Otto-Wagner-Platz 3
1090 Wien
www.oenb.at

Das Geldmuseum hat Dienstag und Mittwoch von 9.30 bis 15.30 Uhr, Donnerstag von 9.30 bis 17.30 Uhr und Freitag von 9.30 bis 13.30 Uhr geöffnet. Der Eintritt ist frei. Führungen sind ab einer Gruppengröße von 10 Personen kostenlos, man muss sich dafür allerdings vorher anmelden. An Feiertagen sowie am 24. und 31. Dezember ist das Museum geschlossen.

DA KRIEGST DIE KRISE

Der private Run auf Gold in Österreich

Oxi auf allen Kanälen. Oxi, oxi, oxi. Seit Juli 2015 weiß ganz Europa, was Nein auf Griechisch heißt und wie man es ausspricht, nämlich „ochi". Kulturell kann man im Zusammenhang mit der aufsehenerregenden Volksabstimmung der Griechen über weitere Sparauflagen der EU also durchaus von einer kleinen Bereicherung Resteuropas sprechen. Abseits des Minisprachkurses ist in der Euro-Zone aber vor allem eines hängen geblieben: ein, um es ganz vorsichtig zu formulieren, gewisses Gefühl der Unsicherheit, was die Stabilität und die Zukunft des gemeinsamen Geldes betrifft. Das Oxi war Wasser – oder besser gesagt: ein weiterer Tsunami – auf die Mühlen der Euro-Skeptiker.

Die öffentlich kaum breitgetretene Folge (berichtet wurde ja hauptsächlich über die griechische Tragödie) war ein Run auf Gold als Sparform. Im Juni 2015 verkaufte die „Münze Österreich", die offizielle Prägeanstalt der Republik, mit 161 000 Unzen Gold um ein Vielfaches mehr als in „krisenfreien" Monaten, in denen durchschnittlich 60 000 Unzen Gold über den Ladentisch gehen. Falls Sie damals nicht zugeschlagen haben und sich deshalb fragen, was eine Unze ist: es handelt sich um das internationale Massemaß für Edelmetalle. Eine Unze, die man ganz korrekt eigentlich Feinunze nennt, entspricht 31,1034768 Gramm. Ihr Wert bezieht sich immer nur auf den tatsächlichen Edelmetallanteil von Barren oder Münzen, Legierungen werden nicht mitgezählt.

Harte „Währung".

Umgerechnet sind also allein im Juni 2015 durch die Münze Österreich 5 Tonnen reines Gold verkauft worden. Das war jedoch nur ein sanftes Lüfterl im Vergleich zum Wirbelsturm, den die Mega-Pleite der US-Bank Lehman Brothers im September 2008 entfacht hatte. Ihr Zusammenbruch riss beinahe das globale Finanzsystem mit in den Abgrund und ließ auch die Münze Österreich ächzen – sie allerdings unter dem Ansturm von Kunden. Damals kam es kurzfristig zu einer Verzehnfachung der sonst üblichen Nachfrage. Man musste beziehungsweise durfte plötzlich in einem Drei-Schicht-Betrieb rund um die Uhr an sieben Tagen der Woche Münzen prägen.

GESUNDE SKEPSIS

Investments in Edelmetall hängt niemand, vor allem im privaten Bereich, an die große Glocke. Wenn es um ihr Vermögen geht, sind die Österreicher wahrscheinlich noch diskreter als beim Fremdgehen. Unternehmen aus der Branche sind zum Glück ein wenig auskunftsfreudiger (sonst wäre dieses Kapitel hier schon zu Ende). Um uns schlau zu machen, haben wir bei „Gold & Co." angeklopft. Walter Hell-Höflinger betreibt unter diesem schönen Namen in Wien zwei Geschäfte für „Beratung, An- und Verkauf", wie sie der Inhaber im Untertitel nennt. Er stammt aus einer Familie, die seit mehr als 120 Jahren als Schmuckhersteller und Händler im Gold-Business tätig ist.

Hell-Höflinger hatte beides wahrscheinlich schon immer: die Kombination aus Goldvertrauen auf der einen Seite, und auf der anderen diese mittlerweile zum Allgemeingut gewordene gesunde Skepsis gegenüber Rahmenbedingungen, die man gerne unter dem Begriff „Das System" subsumiert. „Bis auf den Dollar, der als Weltleitwährung nur Regeln unterliegt, die sich die Amerikaner selbst auferlegen, hat es keine Währung länger als hundert Jahre gegeben. Die Ausfallquote liegt bei hundert Prozent", stellt er trocken fest. „Ob vor dem Ersten oder dem Zweiten Weltkrieg, im heutigen Zypern oder Griechenland: Am Ende haben die Bürger ihr Privatvermögen teilweise oder sogar zur Gänze verloren." Das sind Aussagen, die in Zeiten von Oxi und Grexit sitzen. Wer den Rest der Story schnell hören will, antwortet darauf am besten mit einem vorsichtig staatstragenden Einwand: „Aber ich habe gelesen, dass ..."

Mehr muss man gar nicht sagen, Hell-Höflinger kennt diese Argumente zur Genüge und kontert ebenso schnell wie begeistert: „Berichte rund um das Thema Gold sind mit Vorsicht zu genießen. Medien gehören an irgendeinem Ende immer Banken, jedes Blatt hat seine politische Linie. Somit werden Markteingriffe nicht selten von absichtlich gestreuten Desinformationen begleitet. Dazu gehört der konsequente Rufmord

*Das Familien-
unternehmen von
Walter Hell-Höflinger
(Foto oben, rechts)
ist auf den An- und
Verkauf von Gold
spezialisiert.*

am einzigen Investment, das den Bürger tatsächlich vor Wertverlust schützt, sollte das System kollabieren." Vom Zocken mit dem Edelmetall rät Hell-Höflinger deshalb eindringlich ab. „Gold ist eine langfristige Investition und sollte bei Privatanlegern nur Kapital betreffen, das einfach zu entbehren ist. Es geht nicht um schnelle Gewinne, sondern um die Sicherheit, die Kaufkraft des sauer Ersparten von der Krise in die Konjunktur hinüberzuretten, und um die Sicherheit, selbst im allerschlimmsten gesamtwirtschaftlichen Fall nie mittellos sein."

Wer das „Währungsapokalypse now"-Szenario konsequent zu Ende denkt, wird von Hell-Höflingers nächstem Rat nicht überrascht sein. „Eine Goldinvestition macht nur Sinn, wenn man das Gold physisch besitzt und darüber, unabhängig von Dritten wie Banken, jederzeit verfügen kann." Sprich: Ein ordentlicher Tresor für daheim muss her. „Kein Spielzeug aus dem Baumarkt", warnt Hell-Höflinger. „Einen Tresor unter hundert Kilo nehmen Einbrecher mit und knacken ihn in aller Ruhe im nächstgelegenen Waldstück."

Das Misstrauen, mit dem Experten in Fragen der Lagerung sogar Geldinstituten begegnen, ist historisch begründet. Bis ins 20. Jahrhundert hat es immer wieder Staaten gegeben, die den privaten Besitz von Gold – meist über Nacht – verboten oder extrem stark eingeschränkt haben. Das in den Bankschließfächern gelagerte Edelmetall der Bürger wurde eingezogen, die Betroffenen speiste man mit Papiergeld ab. Am radikalsten griffen totalitäre Regime wie Nazi-Deutschland und die UdSSR zu. Untersagt war der private Goldbesitz aber auch in den USA (von 1933 bis 1974) und in Großbritannien, wo von 1966 bis 1971 kein Bürger mehr als vier Goldmünzen besitzen durfte.

STEUERFREI, ABER UNTER BEOBACHTUNG

Österreich hat derzeit (Stand 2015) keine Gesetze, die den Privatbesitz von Edelmetall reglementieren. Der Kauf der meisten Goldmünzen und -barren ist hierzulande und in allen anderen EU-Ländern sogar von der Mehrwertsteuer befreit. Das gilt für Barren, die ein auf dem Goldmarkt akzeptiertes Gewicht besitzen und einen Feingehalt von mindestens 99,5 Prozent aufweisen. Für Goldmünzen muss keine Mehrwertsteuer gezahlt werden, wenn sie nach dem Jahr 1800 geprägt worden sind, einen Feingehalt von 90 Prozent oder mehr aufweisen und in ihrem Herkunftsland als Zahlungsmittel gelten oder gegolten haben. Die Mehrwertsteuerbefreiung umfasst damit beinahe alle gängigen Anlagegoldmünzen vom Wiener Philharmoniker bis zum Krügerrand sowie die österreichischen Handelsgoldmünzen Dukaten, Kronen und Gulden.

Wer sein Geld anonym in Gold anlegen möchte, kann das jedoch nur, wenn die entsprechende Transaktion – egal ob einmalig oder in mehreren Tranchen – nicht mehr als 14 999 Euro ausmacht. Wird dieser Wert überschritten, muss man sich ausweisen. Der Händler ist dann verpflichtet, entsprechende Aufzeichnungen zu führen. Das dazugehörige Gesetz zur Bekämpfung von Geldwäsche und Terrorismusfinanzierung gilt übrigens für alle (!) Branchen und ist der EU noch nicht streng genug. Man drängt die Mitgliedsstaaten, die Anonymitätsgrenze auf 7 500 Euro zu halbieren. Österreich wird diesem Ansinnen frühestens 2016 nachkommen und wahrscheinlich an einem höheren Limit festhalten, das laut Insidern um die 10 000 Euro betragen könnte. Was man mit dem Geld – egal ob anonym oder registriert – kauft, ist Einstellungssache und natürlich abhängig von der Investitionssumme. Hell-Höflinger empfiehlt Privatpersonen, die keine Millionäre sind, aber

Seriöse Unternehmen wiegen das Gold immer so ab, dass der Kunde die Waage im Blick hat.

dennoch für einen Krisenfall vorsorgen wollen, auch „kleinere Goldeinheiten". Das klingt logisch: Ein 12,5-Kilo-Standardbarren schaut zwar schön aus und taugt vielleicht als Verteidigungskeule bei einem Überfall, ist jedoch für Zahlungs- und Tauschvorgänge im Alltag unbrauchbar. Sinnvoll ist laut Hell-Höflinger eine Mischung aus kleinsten Einheiten (Anlagemünzen wie Dukaten) und anderen Formen. Der richtige Mix ist immer individuell, weshalb man sich von einem Fachmann beraten lassen sollte.

Bei Barren sollte man auf Größe (je kleiner, desto uninteressanter das Preis-Leistungs-Verhältnis) und die Marke achten. Zentralbanken und Staaten handeln mit den Teilen, die wir aus Hollywood-Produktionen kennen. Diese 400-Unzen- beziehungsweise 12,5-Kilo-Barren werden von einem handverlesenen Kreis von Unternehmen nach strengen international einheitlichen Kriterien hergestellt. Der Fachbegriff für das Ergebnis lautet „Good Delivery". An diese Firmen sollte man halten, Banken auf der ganzen Welt akzeptieren ihre Barren anstandslos. Andere Produkte sind schwer weiterzubringen, wenn sie sich erst einmal in Privatbesitz befinden. Diese No-Name-Barren werden oft nur von den Herstellern selbst zurückgekauft oder von Händlern, die dafür hohe Abschläge verlangen. Die Münze Österreich macht es Anlegern leicht. Ihre Barren stammen alle von einem Good Delivery-Hersteller, dem renommierten Schweizer Produzenten Argor-Heraeus. Das Unternehmen gehört mit einer Jahreskapazität von 400 Tonnen zu den größten Goldraffinerien der Welt und hat nicht nur Eidgenossen als Eigentümer: Die Münze Österreich hält knapp 29 Prozent der Firmenanteile.

FRAG DOCH DIE INDER

Wenn man einen Händler ins Gebet nimmt, muss man ihn natürlich mit dem leidigen Thema Goldpreis ärgern. Die Manipulationen der Vergangenheit haben wir eingangs im Kapitel „Will haben" beleuchtet. Hell-Höflinger kennt die Story, weshalb er sich auf sein schwer zu widerlegendes Lieblingsargument beschränkt: Gold ist, wenn man es als Vorsorge für Krisenzeiten und/oder langfristiges Investment sieht, immer ein sicherer Hafen gewesen und wird das seiner Meinung nach auch bleiben. Seit 1970 hat es zwar wiederholt einschneidende Preisstürze gegeben, allerdings weitaus mehr kontinuierliche Wertsteigerungen, die „goldfreundliche" Analysten je nach Rechenart und Zeitraum mit einigen wenigen hundert bis zu tausend Prozent beziffern.
Unterhaltungswert besitzen die jährlich wiederkehrenden saisonalen Schwankungen des Goldpreises. Erhoben und minutiös dokumentiert hat sie das World Gold Council, die internationale Lobby-Organisation der Minenindustrie. Ihren Statistiken zufolge steigt der Goldpreis in den Herbstmonaten um durchschnittlich 6,9 Prozent. Schuld sind die Hochzeitssaison in Indien von September bis November und der Umstand, dass dort Bräute von ihren Familien traditionell eine reiche Aussteuer aus Gold erhalten. Der Brauch führt dazu, dass in diesem Teil der Welt 45 Prozent aller Goldkäufe im Spätsommer und im Herbst erfolgen.
Mit dem nächsten jährlichen Preisschub sind wir vertraut: Wenn Weihnachten vor der Tür steht, werden im Westen die Geschäfte gestürmt. In den USA machen Juweliere und Goldhändler in den Wochen vor dem Fest rund 50 Prozent ihres Jahresumsatzes. Das führt laut World Gold Council zu einer Preissteigerung von 5 Prozent, die bis Februar nicht abreißt. Ende Dezember verlagert sich die Nachfrage nämlich nach China, wo die Vorbereitungen für das chinesische Neujahrsfest beginnen, das zwischen 21. Jänner und 21. Februar steigt. Es ist ein Anlass, zu dem man besonders gerne Goldschmuck schenkt.
Schmuck geht bei Hell-Höflinger und seinen Kollegen ebenfalls über den Ladentisch, allerdings in umgekehrter Richtung. Einen Großteil ihres

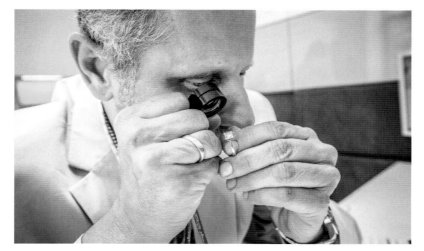

Echt? Die Ware wird vor jedem Ankauf durch mehrere Methoden auf ihre Echtheit überprüft.

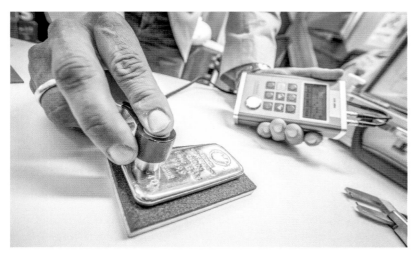

Geschäfts macht nach wie vor der Ankauf von Gold aus, das Privatpersonen zu Geld machen wollen. Es gibt nichts, was da nicht daherkommt – von der Zahnkrone bis zum Schmuckstück. „Nach dem rasanten Anstieg des Goldpreises ist das für viele Kunden wie das Heben eines Goldschatzes gewesen. Sie haben quasi die Kiste vom Meeresgrund geholt und zu Geld gemacht. Seit einigen Jahren ist die Motivation der Menschen, die zu uns kommen, leider zunehmend eine andere. Nicht nur die Sparguthaben schrumpfen laufend, man greift auch ins Schmuckkasterl, um Reserven zu aktivieren", erklärt uns Hell-Höflinger.

SCHWARZE SCHAFE

Das Angebot beziehungsweise die Not der Verkäufer lockt leider viele schwarze Schafe an, was Hell-Höflinger gar nicht abstreitet. Wie ande-

Wolfram (vorne) versteckt sich gerne in gefälschten Goldbarren.

Altgold vor dem Einschmelzen.

re seriöse Anbieter geht der Unternehmer deshalb in die Offensive. Auf der Internetseite seiner Firma gibt er Tipps, wie man Abzocker entlarvt und sich vor ihnen schützt. Die Ratschläge decken sich mit den Warnungen der österreichischen Konsumentenschützer. Eindringlich gewarnt wird zum Beispiel vor „fliegenden Händlern", die mit Postwurfsendungen zu Ankaufveranstaltungen laden und als Kontakt lediglich eine Handynummer angeben.

Wer Gold verkaufen will, sollte immer mehrere Angebote einholen und diese genau vergleichen. „Wenn der Händler den Preis einen Stücks bestimmt, sollte das kostenlos und präzise erfolgen. Es gibt keine unverbindlichen Zirka-Summen, keinen Bausch-und-Bogen-Einheitspreis und keine Überprüfung, die an eine Verpflichtung zum Verkauf gebunden ist. Ebenso wenig darf und soll man sich als Kunde unter Druck setzen las-

sen", sagt Hell-Höflinger. Beeindruckend einfach ist der wahrscheinlich wichtigste Tipp: „Ein seriöses Unternehmen wird Sie beim Abwiegen des Goldes immer auf die Waage schauen lassen. Achten Sie also unbedingt darauf, ob Ihnen das Ergebnis nur genannt wird oder ob Sie es selbst sehen können."

Schmuckstücke sind nie aus reinem Gold allein gefertigt. Es ist zu weich für die Herstellung und wird deshalb mit anderen Edelmetallen gemischt. Wie viel Gold nach diesem Vorgang noch in einem Stück steckt, wird weltweit einheitlich mit der Karatzahl angegeben. 24 Karat stehen für einen Feingehalt von 99,99 Prozent Gold, 18 Karat für 75 Prozent und die in Österreich am häufigsten 14 Karat für 58,5 Prozent. Alle Schmuckstücke müssen einen kleinen Stempel, die sogenannte Punze, mit der Karatzahl tragen. Der Feingoldgehalt lässt sich aber auch mit einem einfachen Säuretest feststellen, der in seriösen Geschäften ebenfalls vor den Augen der Kunden durchgeführt wird.

Weil es bei Gold schnell um ein paar Tausend Euro gehen kann, kommt es immer wieder zu Betrugsversuchen. Sie werden von der Polizei und

Silber boomt in Form von Münzen derzeit ebenfalls als Anlage beziehungsweise Vorsorge.

den geschädigten Händlern selten öffentlich gemacht, weil man verständlicherweise keine Nachahmer anlocken will. Internationale Banden fälschen Goldmünzen, Schmuck und sogar Barren, die im Inneren kein Edelmetall, sondern nur Wolfram enthalten. Das vor allem als Draht in Glühlampen verwendete graue Material ähnelt Gold in der Dichte.

Die Unternehmer rüsten sich dagegen mit teuren High-Tech-Untersuchungsmethoden. Man will nicht so blöd und schon gar nicht mit einem derartigen Verlust dastehen wie diverse Banken, die schon von Goldbarrenfälschern abgezockt worden sind. Zum Einsatz kommen zum Beispiel die Röntgenfluoreszenzanalyse, mit der sich der Feingehalt von Edelmetallproben bestimmen lässt, und Ultraschallgeräte, die – vergleichbar mit dem Blick in den Bauch einer Schwangeren – tief in die Barren hineinhorchen und Unterschiede in der Schalllaufzeit feststellen. So lässt sich ein von Gold ummantelter Wolframstab aufspüren.

Das angekaufte Gold wird von Scheideanstalten eingeschmolzen, raffiniert und gelangt danach relativ rasch wieder zu Kunden. Aus dem Edelmetall entstehen neue Münzen, Barren und Schmuckstücke. Von den höchstens 5 000 Tonnen Gold, die jährlich physisch gehandelt werden, kommen nur etwas mehr als 3 000 Tonnen aus Minen. Der Rest des weltweiten Bedarfs wird aus dem Recycling gedeckt. Diesen Aspekt streicht Hell-Höflinger gerne und in Sachen Marketing wohl nicht ganz uneigennützig hervor: „Gold ist sozusagen der Urvater des Recyclings. Wir sind stolz, zu diesem wertvollen Kreislauf beitragen zu dürfen."

GOLDWASCHEN
So könnte es klappen

„Wenn einem beim Goldwaschen das Wasser bis zum Hals steht, ist man einen Schritt zu weit gegangen." Ich finde meine Pointe mehr als geschliffen, doch sie verhallt unbelacht. Kopfschüttelnd marschiert die Truppe weiter durch den Wald. Georg Raucher, Walter Brabek, Hans Unterrieder und Hermann „Biene" Innerwinkler nehmen ihr Hobby ernst. Sie sind die Goldwäscher von Tragin in Kärnten. Schade, dass sich das Quartett aus dem kleinen Ort bei Paternion im Drautal wohl nie zu einem Casting für einen Western verirren wird. Alle vier Pensionisten wären – jeder für sich in einer anderen Hauptrolle – Idealbesetzungen, egal ob in einem Remake von „Für eine Handvoll Dollar" oder in einem weiteren „Schuh des Manitu".

Wer die Goldwäscher von Tragin begleiten will, muss sich ihr Vertrauen erst verdienen. Zum Glück haben wir vor diesem Werk schon ein anderes Buch („Kärntens geheimnisvolle Unterwelt – Stollen, Höhlen, verborgene Gänge") verfasst, das sich in der Bibliothek von Walter Brabek befindet. Das dürfte den Vorgang beschleunigt haben: Schon nach fünf Hausbesuchen und gefühlten fünfzig Telefonaten erklärte sich die Truppe bereit, uns mitzunehmen. Den genauen Ort der Aktion müssten wir allerdings geheimhalten, lautete die wichtigste Auflage. Die Vorsichtsmaßnahme betrifft nur Nachahmer – rechtlich ist bei den Kärntner

Nach dem Ersten Weltkrieg waren Notgeldscheine in Umlauf, die das Goldwäscherhäusl von Goldwörth in Oberösterreich zeigten.

Goldwäschern alles im grünen Bereich. Sie operieren seit Jahrzehnten in einem hochoffiziell angemeldeten Freischurf.

Vor allem im Mittelalter war das Goldwaschen in Österreich eine Art Volkssport. Es wurde im ländlichen Raum an allen größeren Flüssen praktiziert. Ortsnamen wie Goldwörth gehen darauf zurück. Die Sandbänke der dort besonders verzweigt verlaufenden Donau dürften recht ertragreich gewesen sein. Die historische Darstellung eines Goldwäscherhäusls aus der kleinen Gemeinde im oberösterreichischen Mühlviertel schaffte es nach dem Ersten Weltkrieg sogar als Motiv auf den damals als Notgeld ausgegebenen 20-Heller-Schein.

DER GOLD-STAUBSAUGER

Wir klettern über eine steile Böschung in einen Bach. Die Geräte sind schon da, sie müssen nur noch zusammengesteckt und gestartet werden. Ein Dieselaggregat liefert die Energie für eine Pumpe, die eine Art Riesenstaubsauger betreibt. Das Rohr ist dick wie ein Oberschenkel und befördert Sand aus dem Bachbett auf eine Metallrinne. Sie ist auf Steinen mitten im Gewässer so aufgestellt, dass ihre Neigung – natürlich in Fließrichtung – zirka 15 Grad ergibt. Auf der Rinne befinden sich mehrere Lochbleche. Wie mehrere hintereinander geschaltete Filter trennen sie die groben Steine vom feinen Sand, in dem sich hoffentlich Gold befindet.

Der Fotograf und ich dürfen abwechselnd der einzigen Tätigkeit nachgehen, die nach dem Anwerfen des Aggregats notwendig ist: Sand saugen. Das klingt einfacher als es ist. Die Pumpe steht ordentlich unter Druck. Trotzdem muss man das Rohr, um überhaupt etwas zu erwischen, unter Wasser dicht auf den Boden und/oder an Rand des Bachbetts drücken.

Verschworene Gemeinschaft: die Goldwäscher von Tragin.

Die Rinne ist eine Eigenkonstruktion. Grobes Material wird gleich ausgeschieden.

Feinwaschen, Teil 1.

Für uns heute wertloses Material wird einfach mit einem starken Magneten vom Rest getrennt – Gold ist nicht magnetisch.

Es sollte dabei idealerweise auch noch hin- und herbewegt werden – keine feine Sache für den empfindlichen Rücken eines Schreibtischtäters. Saugen müssen wir bis zum felsigen Untergrund und diesen dann ganz besonders sorgfältig. In seinen Spalten und Rissen soll am meisten Gold stecken.

Wir haben uns alles irgendwie einfacher vorgestellt. Saugen und Rückenschmerzen nehmen unsere ganze Kraft und Aufmerksamkeit in Anspruch. Gleichzeitig sollte aber jeder Schritt mit Umsicht gewählt sein. Wer eine zu tiefe Stelle des Bachbetts erwischt, steht rasch in gefluteten Gummistiefeln, was bei herbstlichen Außen- und bei winterlichen Wassertemperaturen besonders cool ist. Es ist wahrscheinlich nicht überraschend, wenn ich nun zugebe, dass uns beiden genau das passiert ist.

Große Steine verstopfen immer wieder das Rohr. Nach knapp 2 Stunden haben die Goldwäscher schließlich Erbarmen mit uns und übernehmen das Ruder. Nun beginnt die Feinwäsche. In den Gummimatten auf dem Boden der Rinne haben sich die schwersten Teile des Sandes abgesetzt. Er wird nun noch einmal über eine weitere kleine Rinne mit einer feineren Matte gejagt. Durch die wiederum ganz spezielle Neigung, die Hans Unterrieder diesmal vorsichtshalber für sich behält, werden die leichten wertlosen Teile von der Strömung weggespült. Goldblättchen, die eine viel größere Dichte als die anderen Sandkörner haben, sollen sich in den Gummirillen sammeln. Und sie tun es tatsächlich!

Mit einem starken Magneten werden die eisenhältigen Teilchen ausgeschieden (Gold ist nicht magnetisch), dann ist der Chef gefragt: Georg Raucher, der von seinen Kollegen ehrfürchtig „Gewerke" genannt wird. Er wäscht das Konzentrat, das sich in der Matte gesammelt hat, von Hand mit einer Schüssel, wie man sie aus Western und diversen touristischen Angeboten kennt. Übrig bleiben 20 Goldflitter, die größten Stücke messen 2 mal 3 Millimeter. Sie sind die Ausbeute aus ungefähr zwei Kubikmetern Material, die wir aus dem Bach gesaugt haben. Wären wir mit unserer eigenen bescheidenen Ausrüstung (Schaufel, Sieb und Goldwaschpfanne) angerückt, hätten wir den ganzen Tag für einen halben Kubikmeter gebraucht. „Wir haben euch gewarnt", grinsen die Goldwäscher um die Wette. „Reich wird man nicht, aber man hat immerhin ein Andenken für zu Hause."

SPANNENDER SPASS

Die fast schon professionelle Arbeit der Burschen aus Tragin ist mit dem touristischen Goldwaschen vom Aufwand her natürlich nicht zu vergleichen. Die meist mit einer kleinen Einführung in das Thema verbundenen Angebote sind in der Regel trotzdem empfehlenswert, wenn man sich für die Schatzsuche in Bächen und Flüssen interessiert oder einfach nur einen lustigen Abenteuertag mit der Familie verbringen will. Und weil Wissen nie schaden kann, hier ein paar Tipps, die Sie dabei – im übertragenen wie im wortwörtlichen Sinn – über Wasser halten sollen:

Am Anfang steht beim Goldwaschen die Prospektion, das Auskundschaften von theoretisch möglichst ertragreichen Stellen. Diese befinden sich bei Wasserfällen auf dem Grund des Sturzbeckens, in allen Vertiefungen eines Fluß- oder Bachbetts sowie überall dort, wo sich die Fließgeschwindigkeit des Wassers verringert. Macht ein Gewässer eine Kurve, ist das zum Beispiel immer entlang der Innenseite der Fall.

Die gefüllte Goldwaschpfanne gehört in einem ersten Schritt auf Tauchstation geschickt, also komplett unter Wasser gehalten. Jetzt geht es ans Lockern und Schichten des Materials. Rütteln Sie die Schüs-

„Gewerke" Georg Raucher beim endgültigen Feinwaschen mit der Schüssel.

Unsere Ausbeute.

216

sel waagrecht unter Wasser, um den Sand ordentlich durchzumischen. Die Bewegungen (vor, zurück, links, rechts, kleine Kreise) sollen kraftvoll ausgeführt werden. Dadurch kann das schwere Gold auf den Boden der Pfanne sinken. Größere Steine entfernt man im Anschluss am besten mit der Hand.

Die Schüssel bleibt unter Wasser und wird schräg nach vorn gekippt. Nun wäscht man mit Bewegungen vom Körper weg die leichteste und deshalb oberste Schicht des Materials hinaus. Dann grüßt das Murmeltier, die Aktion wird mit dem Rest in der Pfanne erneut durchgeführt: Mischen in der Waagrechten, Schüssel schräg nach vorne kippen (jedes Mal ein wenig steiler), oberste Schicht hinauswaschen.

Diese Vorgänge werden so lange wiederholt, bis nur mehr zirka drei Esslöffel Material in der Pfanne sind. Bei diesem Rest handelt es sich, wenn

Ergebnis eines spannenden Nachmittags.

man im Vorfeld alles halbwegs richtig gemacht hat, um ein Schwermineralkonzentrat. Goldwäscher sagen dazu „schwarzer Sand". Er wird nicht mehr unter Wasser gewaschen. Spätestens jetzt gehören die Rillen in der Schüssel nach vorne.

Über sie wäscht man den verbliebenen Rest mit vorsichtigen Vor- und Rückwärtsbewegungen und mit Wasser, das man aus dem Bachbett schöpft, langsam aus der Pfanne. Wenn Gold vorhanden ist, wird es bei diesem Vorgang langsam sichtbar, weil es absinkt und in den Vertiefungen hängen bleibt.

Drei weitere wichtige Tipps aus garantiert eigener Erfahrung (immerhin suchen wir nun schon seit ein paar Jahren mit mäßigem Erfolg nach Gold):

Geduld ist von Vorteil.
Übung macht den Meister.
Kommt Zeit, kommt Gold.

BEGRIFFSERKLÄRUNGEN

Befahrung: Begehung eines Stollens

Bergeisen (kurz: Eisen): Spitz zulaufendes Hammer-Werkzeug des Bergmannes

Bergordnung: Gesetz, das den Bergbau und die damit verbundenen Abgaben regelte.

Bergrichter: Vorstand eines Berggerichts, das im Mittelalter für alle bergrechtlichen Angelegenheiten eines Bezirkes zuständig war.

Duktilität: Eigenschaft eines Werkstoffes, unter Belastung verformt zu werden, bis er bricht.

Exploration: Suche nach potenziellen Lagerstätten

Freigrübler: Grubenarbeiter, der in einem meist aufgelassenen Bergwerk auf eigene Rechnung arbeitet.

Freischurf: Kreis mit einem Radius von 825 Metern, in dem eine Schurfberechtigung (Abbauberechtigung) bis in die ewige Teufe (Tiefe) gilt.

Gewerke: Bergwerksbesitzer beziehungsweise -pächter

Gewerkschaft: Gesellschaft mehrerer Gewerken

Goldfixing: Festlegung des aktuellen Goldpreises

Grube: Bergwerk

Hoffnungsbau: Grubenbau, der in der Hoffnung auf die Erschließung einer noch nicht nachgewiesenen, aber vermuteten Lagerstätte errichtet wurde.

Hunt: Förderwagen, mit dem Erz aus dem Stollen transportiert wird.

Karat: Maßeinheit für den Feingehalt von Gold in Relation zum Gesamtgewicht eines Schmuckstücks. 24 Karat stehen für einen 99,99-prozentigen Goldanteil.

Kluftspion: Draht- oder Glaskonstruktion, die in Bergwerken und/oder Schauhöhlen überwacht, ob sich das Gestein bewegt.

Knappe: Bergarbeiter, der unter Tage in einer Grube tätig war.

Konglomerat: Grobkörniges Gestein, das aus Kies und Geröll besteht.

Kupellation: Verfahren zum Trennen von Edelmetallen wie Gold oder Silber aus Legierungen mit unedleren Metallen

Mundloch: Stolleneingang

Pinge: Vertiefung an der Erdoberfläche, die auf Bergbautätigkeit (zum Beispiel einen darunter eingestürzten Stollen) hinweist.

Pochwerk: Gebäude, in dem das Erz gepocht (zerkleinert) wurde.

Sackzug: Erztransportmittel. Hintereinander gehängte, mit Erz gefüllte Säcke, die von Sackziehern auf Eis- und Schneebahnen ins Tal befördert wurden.

Säumer: Transporteur von Waren über die Alpen

Saxe: Längliche Schüssel zum Goldwaschen

Schlägel: Schlaghammer des Bergmannes

Schlich: Zerkleinerte Erzteilchen

Seifengold: Gold, das in Form von Staub, Blättchen oder Körnern in Anschwemmungsbereichen von Flüssen und Bächen vorkommt.

Schurfstollen: Stollen, der zur Untersuchung einer Lagerstätte in den Berg getrieben wird.

Teufe: Bergmännische Bezeichnung für Tiefe

Unze: Maßeinheit für das Gewicht von Gold. 1 Unze entspricht 28,349523125 Gramm.

Verhüttung: Verarbeitung von Erzen

Walen: Auch Venediger genannt, Bezeichnung für Erzsucher aus dem Süden, denen im Mittelalter übersinnliche Kräfte zugeschrieben wurden.

Waschgold: siehe Seifengold

Wasserhaltung: Anlagen und Maßnahmen zum Abführen von Wasser, das in eine Grube eindringt.

Goldstufe, ausgestellt im Bergbaumuseum Klagenfurt.

QUELLENANGABEN

VERWENDETE LITERATUR

Agricola, Georg: De re metallica libri XII – Zwölf Bücher vom Berg-
   und Hüttenwesen. Fourier, Wiesbaden, 2003.
Altmüller, Rudolf, und Kirnbauer, Franz: Ein steirisches Walenbüch-
   lein. Montan, Wien, 1971.
Allesch, Richard M.: Arsenik – Seine Geschichte in Österreich. Ferd.
   Kleinmayer, Klagenfurt, 1959.
Andree-Eysn, Marie: Volkskundliches aus dem bayrisch-österreichi-
   schen Alpengebiet. Olms, Braunschweig, 1910.
Bauer, Johannes Karl: Der Goldbergbau Zell am Ziller, Tirol. In: Jahr-
   buch der Geologischen Bundesanstalt, Band 123, Heft 1, Verlag der
   Geologischen Bundesanstalt, Wien, 1980.
Brauner, Franz: Die Raubritter von Ehrenfels und andere Sagen aus
   unseren Bergen. Styria, Graz, 1951.
Canaval, Richard; Die Goldseifen von Tragin bei Paternion in Kärnten,
   In: Carinthia, 78. Jahrgang, Geschichtsverein für Kärnten, Klagen-
   furt, 1888.
Cech, Brigitte, und Kühtreiber, Thomas: Ein römisches Goldbergbau-
   revier im „Karth", einer Landschaft südöstlich von Neunkirchen,
   Niederösterreich. In: Römisches Österreich – Jahresschrift der Öster-
   reichischen Gesellschaft für Archäologie, Jahrgang 36, Wien und
   Graz, 2013.
Eichwalder, Rosemarie: Reichenfels im Lavanttal – Eine Ortsgeschich-
   te des Marktes bis zum Verkauf der bambergischen Besitzungen in
   Kärnten an Maria Theresia. Eigenverlag, Wolfsberg, 2008.
Fräss-Ehrfeld, Claudia, und Zeloth, Thomas: Geschichte der Marktge-
   meinde Steinfeld. Geschichtsverein für Kärnten, Klagenfurt, 2010.
Gleirscher, Paul, und Hirtenfelder, Erwin: Mythos Magdalensberg –
   Pompeji der Alpen und heiliger Gipfel. Styria, Wien–Graz–Klagen-
   furt, 2014.
Gruber, Fritz: Altböckstein und die jüngere Geschichte der Tauern-
   goldproduktion. In: Böcksteiner Montana, Heft 1, hg. vom Verein
   Montandenkmal Altböckstein, Leoben, 1979.
Gruber, Fritz: Das Raurisertal – Gold – Bergbaugeschichte. Eigenverlag,
   hg. von der Marktgemeinde Rauris, 2004.
Knopp, Guido: Göring – Eine Karriere. Bertelsmann, München, 2006.

Kocher, Gerhard: Auf den Spuren des Lungauer Bergbaus. Pfeifenberger, Tamsweg, 2014.

Krenmayr, Hans Georg: Rocky Austria – Eine bunte Erdgeschichte von Österreich. Verlag der Geologischen Bundesanstalt, Wien, 2002.

Lassnig, Simone Madelaine: Denkmäler der Reformationszeit und des Geheimprotestantismus im Raum Paternion – Die Hundskirche und umliegende Denkmäler. Diplomarbeit, Evangelisch-Theologische Fakultät, Universität Wien, 2010.

Lux, Georg, und Weichselbraun, Helmuth: Kärntens geheimnisvolle Unterwelt – Stollen, Höhlen, verborgene Gänge. Styria, Wien–Graz–Klagenfurt, 2013.

Maierbrugger, Matthias: Obervellacher Urlaubsbegleiter – Wanderrouten, Geschichte, Kultur. Heyn, Klagenfurt, 1986.

Morris, Michael: Der Goldkrieg. Amadeus, Fichtenau, 2014.

Osten, Sigrid von: Das Alchemistenlaboratorium von Oberstockstall. Universitätsverlag Wagner, Innsbruck, 1998.

Pichler, Alfred: Bergbau in Westkärnten – Eine Bestandaufnahme der noch sichtbaren Merkmale der historischen Bergbaue in Westkärnten. Naturwissenschaftlicher Verein für Kärnten, Klagenfurt, 2009.

Priesner, Claus, und Figala, Karin: Alchemie – Lexikon einer hermetischen Wissenschaft. Beck, München, 1998.

Ruthner, Anton von: Vom Hohen Goldberg in Rauris. In: Mitteilungen der Gesellschaft für Salzburger Landeskunde, 16. Jahrgang, Salzburg, 1876.

Schlick, Alexander: Der Kärntner Grenzweg – In 40 Tagen rund um Kärnten. Styria, Wien–Graz–Klagenfurt, 2015.

Steyrer, Hans, und andere: Hohe Tauern – Naturkundliche Exkursionen. Natur- und Kulturerlebnisführer der Universität Salzburg, Band 2. Pfeil, München, 2012.

Stöfferle, Ronald-Peter, und Valek, Mark J.: In Gold we Trust 2015 – Extended Version. Incrementum AG, Vaduz, 2015.

Srbik, Robert von: Überblick des Bergbaues von Tirol und Vorarlberg in Vergangenheit und Gegenwart. Sonderabdruck aus den Berichten des Naturwissenschaftlich-Medizinischen Vereines, Innsbruck, 1929.

Tremel, Ferdinand: Das Ende des Silberbergbaues in Oberzeiring. In: Blätter für Heimatkunde, 27. Jahrgang, Heft 1, hg. vom Historischen Verein für Steiermark, Graz, 1953.

Vilgut, Manuel: Goldbergbau und Goldgewinnung in Oberkärnten. Dissertation, Fakultät für Kulturwissenschaften, Alpen-Adria-Universität Klagenfurt, 2009.

Wehdorn, Armine: Ausstellungskatalog Goldbarren – Geldmuseum. Oesterreichische Nationalbank, Wien, 2011.

Wießner, Hermann: Geschichte des Kärntner Bergbaues – I. Teil – Die Geschichte des Kärntner Edelmetallbergbaus. Archiv für Vaterländische Geschichte und Topographie, Klagenfurt, 1950.

Zimburg, Heinrich von: Die Geschichte Gasteins und des Gasteiner Tals. Braumüller, Wien, 1948.

VERWENDETE UND WEITERFÜHRENDE INTERNETSEITEN

help.orf.at

www.argor.com

www.aurex.ag

www.diepresse.com/goldjournal

www.gastein-im-bild.info

www.geheimprojekte.at

www.gold.org

www.goldgraeberdorf-heiligenblut.at

www.goldsuchen.at

www.goldundco.at

www.grosskirchhheim.gv.at

www.gut-oberstockstall.at

www.hainzenberg.tirol.gv.at

www.hypnose-bleyer.com

www.indra-g.at

www.kirchberg-wagram.at

www.kleindenkmaeler.at

www.mfz.or

www.muenzeoesterreich.at

www.oenb.at

www.profil.at

www.raurisertal.at

www.reichenfels.gv.at

www.sagen.at

www.salzburgwiki.com

www.silbermine.at

www.stockstreet.de

www.tauerngold.info

www.taurachsoft.at/erzweg

www.wirtschaftsblatt.at

www.weissbriach.at

Die einen wurden vor Jahrtausenden von der Natur erschaffen, die anderen später von Menschen dem Berg Zentimeter um Zentimeter abgerungen.

Viele Kärntner Landstriche sind von Höhlen und Stollen durchzogen. Vor, im und nach dem Mittelalter sicherten die Stollen und Schächte im Kärntner Bergbau das tägliche Überleben von Familien. Heute steht der Bergbau still. Fluchttunnel und Kerkergewölbe sind vergessen, die Höhlen und Bunker aus Sicherheitsgründen verschlossen.

Der Journalist Georg Lux und der Fotograf Helmuth Weichselbraun haben sich trotzdem Zugang verschafft und die geheimnisvolle Kärntner Unterwelt entdeckt. Ihre aufregenden Schilderungen und Fotos erzählen von Orten, die mit nur wenigen Ausnahmen der Hölle näher als dem Himmel waren.

Georg Lux · Helmuth Weichselbraun
KÄRNTENS GEHEIMNISVOLLE UNTERWELT
192 Seiten, 17 x 24 cm
Hardcover mit SU, durchgehend Farbe
€ 24,99 · ISBN: 978-3-7012-0152-5

BILDNACHWEIS

Alle Fotos: Helmuth Weichselbraun, fotoquadr.at -
außer S. 95: Tourismusregion Katschberg/Rennweg;
S. 208 unten und S. 209: Goldmanufaktur Tauerngold

IMPRESSUM

ISBN 978-3-222-13523-1

© 2015 by *Styria premium*
in der Verlagsgruppe Styria GmbH & Co KG
Wien · Graz · Klagenfurt

Bücher aus der Verlagsgruppe Styria gibt es
in jeder Buchhandlung und im Online-Shop

styriabooks.at

Lektorat: Nicole Richter
Covergestaltung: Bruno Wegscheider
Layout: Alfred Hoffmann

Reproduktion: Pixelstorm, Wien
Druck und Bindung:
Druckerei Theiss GmbH, St. Stefan im Lavanttal

1 3 5 7 6 4 2

Printed in Austria